古典や名文で
子供の能力開花

素《そ》読《どく》をすれば、国語力が上がる！

国語works広島 代表
松田雄一

はじめに

「素読」といっても「あぁ、知っているよ」という人はごく少ない。むしろ知っている人がいたら、「あなた、素読を知っているのか！」と驚いてしまうくらいだ。

まず漢字で「素読」と書いたところで読めないことが多い。「そどく」「すどく」「すよみ」など、いろいろな読みがあり、いずれも誤りではないのだが、私は比較的通じやすい「そどく」を使っている。

しかし「素読」の発音を教えられたところでやはり素読の意味するところは分からない。素読とは言語教育のひとつの方法であり、発音を主体として単語や文章事例のインプットを図るものである。言葉の教育方法として大変に大きな効果があり、それでいて大きな投資が必要なわけでもなく、大きな苦痛を伴うわけでもなく、一部の人にしかできないような高等技術を必要とするものでもない。

むしろ極めて単純な方法であり、誰でもできるという大きな利点がある。

そんな良い方法がなぜ認知されていないのか……ということになるが、かつてわが国で広く実践されていた方法でありながら明治以降に少しずつ衰退が始まり、先の大戦の後、古典教育の比重が急激に軽くなった時点において、それと連動するかたちで絶滅状態となった。

ここだけを書いてしまうと「良い言語教育方法なのであれば、消滅することなく残るはずだ」という当然至極の反論が予想されるが、消滅の過程については本編にて詳細のご説明を申し上げたい。ただ先に述べておきたいのだが、劣っているから消滅していったわけではない。「原始的で劣っている」という根拠のないレッテル貼りや、戦後の占領期における政治的な事情によって素読が消えてしまったのであり、非常に単純な物言いではあるが、良いものであれば躊躇なく復活させれば良い、と考えている。

近年では脳科学の分野からも素読が推奨されるようになった。経験則的に素読の効果を訴えるだけではなく、脳科学の見地からも素読が有為であると評価されるようになったのは実に嬉しいことである。

不安心理を煽る気はないが、現代日本の初等教育において主流となっている、現代文を読み、その内容を丁寧に先生が解説し、最後に子供が感想を述べ合う……という戦後国語教育の定型は、日本の国語崩壊の挽歌となっていくのではないかと危惧している。

素読は一度わが国においては絶滅している方法である。私はここで絶滅したものを復活させる提言をしていくわけだが、自分は広島を拠点に各地で国語（素読）教室を展開しており、また五つの幼年教育機関（保育園・幼稚園・こども園）において園児向けの授業を担当している。こういった授業実践の中から素読の効果を確信した。

また、言語の基礎教育として初等教育にて行うことが多かった素読であるが、大人がこれを受講した場合も「今までの国語の学び方よりもより楽しく、多くの語彙が吸収できるようになった」という感想を得ている。

証明のしようもない、実地と乖離した論説を展開する気はもとよりなく、大人も子供も楽しく実践できる素読の方法も含め、実践と理論の両面から素読の素晴らしさを知っていただきたいと思う。

目次

【第七章】素読教材

第一章

素読とは何か、その効果と必要性

「素読」と「音読」と「朗読」

「素読とは何か説明してください」と言われて即座に的確な回答ができる人はほとんどいないと思われる。「おぉ、素読が題材か！」と思って拙著を手に取られた方はかなり少ないだろう。そうであればあなたは相当なマニアである。この拙著を手に取られたにしても「ソドク？　スドク？　何これ？」という方のほうが圧倒的に多いはずだ。

読者が戦後生まれ、そして戦後教育を受けていると仮定すれば、素読という言葉を知るすべはなく、素読を学校などで実践する機会も実質的にはまったくなかったはずだ。一部の幼年教育機関（保育園・幼稚園・こども園）が素読を導入しているが、圧倒的に少数であるし、学校の先生が授業内で素読を採用しているケースも僅少ながらあるが、それは先生個人の裁量であって、学習指導要領に素読を授業で採用するようにという文言があるわけでもない。塾が素読を採用している事例も皆無ではないが、それは自分の知る限りで大海原でシーラカンスを捕獲するくらいの確率である。

ただ面白いのは、素読という方法が一度絶滅して素読という言葉も死語になってしまったために、素読をしていると知らずに素読をしている教育現場も実在することだ。

前置きが長くなってしまったが、素読とは次のような言語教育方法である。

素読……言葉（文章や文、単語）を、意味の理解を伴うことなくその字面を追って、あるいはお手本となる発話者の発音通りに声を出して読むこと

恐ろしいくらいに単純な方法である。「音読ということか」「朗読とは何が違うのか」という話になりそうだ。音読というのは非常に馴染みが深い言葉であり、声に出して文章や文などを読むことであるが、これを二系統に分類することができる。二系統とは「素読」と「朗読」である。素読と朗読は何が違うのか。それは「意味の理解」と「発音における技巧の有無」の二点である。

朗読……言葉（文章や文）を、しっかりと意味を理解した上で、聞き手に伝わりやすくするため、読む上でのいろいろな技巧（抑揚・間合い・テンポ・声量などの制御）を凝らして声を出して読むこと

よく学校の先生が「今日の宿題は音読です。国語の教科書のこの部分を音読しておうちの人にサインをもらってくるように」というような指示を出すことがある。しかし、実のところこれでは指示内容が足りていないのだ。音読といっても素読をすれば良いのか、朗読をせねばならないのかが分からないからである。

もし素読で良いのであれば、文章の意味が分からなくても単語の意味を知らなくとも字面だけを追って読めば良いわけだ。ただし、発音することから解放されるわけではないので、漢字の読みが分からないので飛ばす、ということは素読であっても許されない。対して朗読が必要であれば、これは手間がかかる。発音ができる……という状態だけではなく、文意を完全に理解してから抑揚をつけたりテンポを変化させせたりする必要がある。悲しいシーンではトーンを落として読み、希望に満ちたシーンではハキハキと声を大きめにして読む。例えば登場人物が全力疾走した後のセリフであれば実際に息切れをしたかのように読む。登場人物によって声色を変化させるのもより朗読としては高い水準になる。

単純な言い方をすれば、素読は極めて単純な方法であり、朗読はいろいろなハードルを超えねば達成できない読み方なのである。

また、文字が読める……という能力があるのが理想だが、そうでなくても素読は可能である。先述のようにお手本となる人の発音を真似て発音すれば良いわけであり、聴力は素読における不可欠の要素ではあるが、識字力は絶対に必要なものではないのである。

少し詳しい人が素読について「意味の理解を問わず、古典を音読すること」と表現することがあるが、これは適切ではない。素読という言葉には、読む対象のジャンルは含まれていない。素読では古典を扱うことが多いわけであるが、現代文でも良いし、家電製品の取り扱い説明書でも良いのである。

国語教育について多少詳しい人が素読の知見を持っている場合があるが、そういった人の大多数は「素読」というと「なるほど、論語ですね」という反応を示す。論語はわが国の教育を支えた書物のひとつであるが、中でも江戸時代の寺子屋や藩校、私塾（萩の松下村塾など）において論語を素読しているシーンがドラマなどで放映されることがあり、そのイメージが強いようだ。人によっては「論語を読むことを素読という」と勘違いしている場合もある。論語を素読することはできるが、論語を読むことが素読ではない。

ではひとつ試しに次の文章を素読してみてほしい。

起床してすぐに自動車で田子（たっこ）を出発した私たちは、途中で猛吹雪に見舞われながらも昼過ぎには無事にアスパムに到着することがでぎだ。

途中で意味の分からない単語が出てきた方もあろうが、発音さえできれば良く、意味が分かろうが分かるまいがかまわないのが素読である。よってイントネーションなどに疑問を持たれたかもしれないが、素読することはできただろう。文末が「できた」ではなくて「でぎだ」となっているが字面通りに読めば正確な素読は成立しているので、こんな部分を気にする必要もない。この文の全体を通じて特殊な難読単語を使っているわけでもないので、難しくはないはずだ。

では続いてこれを朗読しようとなるとどうだろうか。「田子（たっこ）」や「アスパム」とは何だろうか。意味の理解が必要になる。意味によっては読み方を変える必要があるわけだ。また文末の「でぎだ」とはいったいどのように読めばいいのだろうか……。一気にハードルが上がった。

田子とは青森県の地名であり、同県三戸郡田子町のことである。アスパムとは、同県の県都・青森市の青森港に接した場所に建てられた同県では最高層のビルであり、三角形の外観が特徴的な建物である。青森県民の全員を対象に調査したわけではないが、自分の調査できる範囲においてアスパムを知らない青森県民とは出会ったことがない。

すると この文の舞台は青森県であると分かる。すると文末の「でぎだ」は津軽弁ないし南部弁の発音であることに気付くことができる。となれば発音にあたっては快活に大きな声で読むのではなく、口をすぼめて読むのが似つかわしい……。

このように朗読ではもともとの基礎知識に加えて、必要とされる知識・情報が多く付加されていく。そもそも、基礎知識が足りない幼児であれば「起床」「猛吹雪」などの単語を知らないこともあり、懇切丁寧に意味を説明したとしても理解できないものもあろう。朗読というのはかなり高等な読み方なのである。

幼児がテレビなどから流れている言葉をそのまま意味も分からずに発音していることがあるが、まさにあれこそが分かりやすい素読である。しかし、聞いたままを言うだけ、読んだままを発音するだけ……とあっては、その単純さゆえに素読の効果が疑われることがある。次の項では素読の持つ大きな効果について述べたい。

素読の効果と効用とは何なのか

自分が中学生の時、国語の授業中にこんなことがあった。二つの文章を適切な接続詞を用いてうまくつなぐという内容のもので、先生からは次のように文が示された。

この商品はたいへんに安い。（　　　　　）、誰も買わない。

先生は逆接接続詞の「だが」「しかし」「けれども」を正解として想定していたし、ほとんどの生徒もそれを答えとして準備していた。しかし、指名された生徒が発表した答えは順接接続詞の「だから」であった。「?」と一瞬、教室にブランクが生まれたが、すぐに先生も生徒も「なるほど」という反応を示した。この穴埋め問題は「しかし」でも、また「だから」で成立するのである。「しかし」を用いるのが文例からすると模範的な正解事例となりやすいようには思う。ただ、「だから」が誤りだと断定できるかというと実はそうでもないのだ。

「だから」のような順接接続詞を用いた場合は「この商品はたいへん安い。するときっと安いわけがあるのだろう。得体のしれないワケアリ商品である。だから、誰も買わない」という構図が成立する。私たちの生活の中でも、安直に信じてはならないことが多々あり、「疑う」という防衛本能を以てこれに対抗しているわけである。

しかし、根拠や理論に欠けた無駄な警戒心がマイナスに作用することもある。素読への過少評価はその実例として最たるものかもしれない。意味を理解しなくて良いとか、ただ発音していれば良いとか、そんな方法が教育法として有用であるはずがない、という思い込み。実に残念な考え方である。

戦後世代は公教育の中で素読教育を受けていない。

人間は自分の経験則の中から先の展開や結果を予想する。逆に言えば自分が経験していないようなものは展開の想定のしようがないので、避ける場合が往々にしてある。自分が経験していないものは安易に取り組まない人も多いし、子供への教育にあたっても無意識のうちに自分の経験則の中にあるものを教育方法として提供しがちである（もちろんその逆もあるが……）。

すると戦後に絶滅している素読は「経験していないもの」に分類され、「そんな単純な方法で効果が出るはずがない」という思い込みも手伝って、素読について説明したところで「それはいい方法ですね。すぐに始めます」という人が多くないのである。

そんなハードルを乗り越えて素読に興味を持っていただきたく、素読の効果と必要性について論じてみたい。

その一　音でインプットする効率の良さ

私たちは生まれてからいろいろな言語を習得するにあたり、発音を聞き留めることによって脳に言語を刻むようにできている。少しかたい言い方をすれば音声言語。生まれてきてすぐに国語教科書を渡されて「二才になるまでにこの内容はマスターしておくように」という指示を受けることはない。日常の中で聞こえてくる言葉……例えば、父親や母親の話す言葉やテレビから流れてくる音声をインプットしていく。

戦後の国語教育では、言葉の発音と表記、意味をすべて同時に教える傾向が非常に強く、この方法は子供の脳の特性からしてもあまり好ましいことではなく、結果としてインプット量の伸びの鈍化を招く（このことは詳しく後述する）。

言語習得というのはまずは「発音を聞くこと」・「発音すること」が大事なのであり、意味を理解させるというのは二の次なのだ。より多くの言葉の発音を聞かせて、それを復唱（素読）させることで言語は大量に吸収できるようになる。

意味が分からないならば言葉のインプットとして成立していないではないか、という声が聞こえてきそうだが、意味を説明して理解させる必要がない、と言っているのではなく、発音と意味を同時に学ぶ必要はなく、まずは発音を優先させる、その後、場合によっては十年くらいを経てからでも良いので意味が吸収できれば良い、と言いたいのである。

これについては漢字の学習とよく似ている。漢字を効率よく学ぶには、読みと書きを同時には教えず、読みを先行させて、それから年単位の時間を経てから書き方に取り組ませる。この方法であれば、漢字習得の年齢を大幅に引き下げることも可能だ。実際、私が出講している幼年教育機関のうち二園において、私が提案した漢字教育を導入したのだが、漢字の読みだけであればまったく苦もなく幼児はするすると吸収し、定着させていく。

例えば「薔薇」という字を二才児に素読させる。「薔薇」という文字を見せつつ、「ばら」と発音し、繰り返させる。すると「薔薇」を見せただけでも「ばら」と発音できるようになる。ちなみに幼児でも薔薇が何であるのかは認識できているので、この場合は予め知っている「ばら」という発音が「薔薇」と結びついた状態である。よって「薔薇」という発音はもちろん、意味も理解しているパターンである。

「乾坤一擲《けんこんいってき》」「満身創痍《まんしんそうい》」といった四字熟語でも読めるようになる。この場合、発音と意味はリンクしない。より素読的な事例であると言えよう。幼児期においては文字を画像として認識しており、漢字とてその例外ではない。「薔薇」にせよ「満身創痍」にしても幼児にとっては絵なのだ。この絵を見たらこのように発音する、というのが幼児期の漢字学習の仕組みである。こうすることで幼児であっても漢字に親しみやすい環境ができるため、小学生になって漢字の指導が始まっても抵抗感を示しにくく「今まで知らなかった難しいもの」としてではなく「すでに慣れているもの」という感覚で学ぶことができる。

幼児対象である場合はあくまで読み方の吸収が主眼であり、よってこれまた「不完全ではないか」と言われそうである。書くことも必要であり、意味も教えるべきではないか、という御仁もあるだろう。確かに「薔薇」「熊」「鮭」などは意味も含めてすぐに理解できるものなので、意味と発音を同時に説明する。幼児の側に負担感はない。

しかし、手指の筋肉が未発達であるため、自在に図形描画ができない幼児の段階で書き取りをさせることに何の意味もない。それどころか適時性を著しく欠いた不適切な教育である。では「書けないのであれば、読ませるのもやめておこう」となるだろうか。それはおかしい。その時点の能力で超えられるハードルを示し、ハードルを少しずつ上げていく……これが教育による能力の向上であり、そのひとつのステップとして読み取りが、そして書き取りがあるのである。

また、読めるということは非常に大きな読解の手助けになる。また、読めるということは当然、漢字の形状を理解しているわけであり、やがて手指の筋肉が発達した時点で書き取りをさせれば、読み書きを同時に学ばせる際に必要となる「何度も書いて練習する」という作業はぐっと軽減できる。繰り返しになるが、読めるということは、すでに漢字の形状を把握しているわけであり、それを書いてみよう、という作業はそれほど難しくないのだ。読み書きを同時にさせる場合、初めて見る漢字の形状を鉛筆で再現せねばならないわけであり、何度も何度も書くという、きっと皆さんも経験されたであろうあの作業を経て体得される場合が多い。しかし、予め形状を知っていれば比較的軽い負担で書き取りの習得が完了できる。「読めるだけなんて不完全」と侮るなかれ。

こういった漢字習得の流れを理解せずに「この漢字はこう読みます。書く時はここに注意しなさい。書き順はこうですよ」といった具合に怒涛のごとく学習情報を突っ込んでしまうと無理が生じ、漢字嫌いになってしまう。漢字を画像認識していた幼児が小学生になった時、やはり画像として文字を書く、いや描くことができるわけだが、その時点ではお絵描きなのであって書き順もヘッタクレもない。例えばその漢字のトメやハネは不正確でもよいし、横棒が一本ない、という状態でも構わない。そこに「正しい書き順はこうです」と指導してしまうのは漢字が嫌いになるように仕向けているようなものである。

漢字習得のステップとは、まずは画像として認識して音と結びつける、続いて画像として描けるようになり、次に画像ではなく文字として認識できるようになり、正確に書けるようにし、複数の読み方や表意文字としての意味を理解するようになる……といった流れである。いきなり正確さや完璧さを求める必要はないのである。実は素読には漢字習得を円滑にする効果もあるのだが、それはまた後ほど説明したい。

話が逸れてしまったが、素読という方法も同様の部分が多々ある。言葉の発音だけではなく意味まで理解させるという完全な習得を期すのではなく、まずは適する学齢において可能であるインプットを行うことにより、後年、より大きな効果を出すことが可能なのだ。

その二　音で確認する正確さ

素読するということは、必ず声を出すわけであるので、黙読に欠けたところを補うこともできる。自分は中学入試専門の塾で国語担当社員として働いていた時期があり、その折にこういう保護者からの相談を受けたことが何度かある。

「うちの子、読書はするのだが、言葉を多く知っているわけでもなく、読解力があるとも言えない。なぜこんなに読書をしているのに国語の成績が上がらないのか」と。

国語の成績に関してはいろいろな要素で成立しており、また成績の判定方法によって評価も大きく変わるのでここではあまり紙幅を割かないが、小学生……大まかな言い方になってしまうが四年生以下くらいの学齢においては、声に出して読むことは必須であると考える。黙読を否定しているわけではなく、黙読のみを読み方の方法にするのが危険なのだ。

児童は言語の絶対量が少ないために、読めない漢字や意味の分からない言葉がたくさんある。しかし黙読においては、傍から観察するときちんと読んでいるようでも、かなりの読み飛ばしがある場合が多い。知らない漢字をパスする、内容が難しく感じられたからページごとまとめて飛ばす……ということがある。大人であってもそういうことはあるのではないか。

しかし素読する……すなわち、発音から逃げられないとなると、読めない漢字のところでは当然詰まってしまうし、知らない単語が頻出する文章をスラスラと素読し進めることは難しい。要は「自分では発音が分からない部分から逃げられなくなる」というのも素読の特性なのである。素読していても詰まってしまえば周囲で聞いている大人にもそれが伝わってしまうわけで、その時点から「これはこう読むのだよ」と教えてもらうことで正確な音のインプットが成立する。

皆さんは大事な手紙や書類を書いた時に、正確さを確認するため、その文章を声に出して読み上げたことはないだろうか。あるいはミスが許されないデータ入力などで、入力後に声を出して入力したデータを読み上げ、別の人に元データとの相違がないか聞いてもらう、ということもある。多くの方が実践されているものだと思う。文字化された言語は、実はかなりいい加減なところがあり、またそのいい加減さが残ったままでもある程度読めてしまうのである。

次の文章を黙読してみていただきたい。決して素読はしないでほしい。

おはうよざごまいす　おとさうんが　わすれのもをしたまま　かしいゃ　に　しっゅき
ん　してまっしたので　わしたが　いかまら　とけどいにく　とろこんなですよ

多少の違和感を持ちつつも読み進めてしまい、意味も理解できた方が多いのではないだろうか。

おはようございます　おとうさん　が　わすれものをしたまま　かいしゃ　に　しゅっきん　してしまったので　わたしが　いまから　とどけにいく　ところなんですよ

（おはようございます。お父さんが忘れ物をしたまま会社に出勤してしまったので、私が今から届けに行くところなんですよ）

人間の文字認識においては、単語の初頭と末尾の文字のみでその単語を自動的に類推して読み取れてしまうという特性がある。ただし、そんな能力に頼って表記がめちゃくちゃである文書を作成することなどできないわけで、人間の脳が黙読を行うにあたってのこの補正機能は、むしろ正確な記述を行わねばならない場合には負の作用を及ぼし、またそれを黙読によってチェック・修正することも難しい。

声に出せばまったくめちゃくちゃで意味をなさない文字の羅列であると気付くのだが、黙読ではなかなかそうはいかない。そのことを実感していただけたと思う。文章をより正確に表記するためにも素読は大きな効果があるのである。

残念なことであるが、現役の小学校教師の方から「できるだけ低い学年でもきちんと黙読ができるように育て、音読から卒業させてあげたい」という話を聞いたことがある。深く問うてみると「音読は初歩的な劣った方法で、黙読は高等な方法である」という思いがあることが分かった。ひょっとしたら読者の中にも「声に出すよりは目で読むほうが高等だ」と思っておられる方はないだろうか。

声に出して読むこと、目で追って読むこと、これにはそれぞれが持つ特性が違うだけで、優劣はない。もし、黙読のほうが高等であるから、初等教育の段階でいち早く黙読に移行させるべきだと考えているようであれば、それは基礎的な言語習得の大きな障壁になってしまうことを申し上げておきたい。

その三　音であれば幼年期に多くのインプットができる

素読によって言葉を学ぶデメリットは、言葉の意味までは理解が及ばないという点であるが、メリットは言葉の意味まで理解させなくても良いということである。メリットとデメリットは実に表裏一体なのであるが、意味まで理解させずとも良いというのは次の四点においてメリットとして発現する。

■発音することが楽しい、という感覚がある幼年期の特性と合致した方法である。
■意味について興味を示さない年齢であっても素読は成立する。
■意味について解説する時間が省けるため、その分、発音によって大量のインプットが可能となる。
■幼年期は繰り返し何かをすることを好む特徴があり、意味の指導をしない分、その時間を繰り返し同じ文章を素読することに充てることができ、また、苦にならない。

幼児が耳でとらえた言葉を意味も分からぬままに発声している場合がある。テレビコマーシャルのフレーズやお笑い芸人の流行り言葉など。そして幼年期においては発音することは非常に楽しいこととして認識され、いろいろな言葉をただおうむ返しに発音することが多々ある。要は素読という言葉を知らないながらも素読をしているのである。

発音が快楽である状態は成長の中で変化していき、やがては黙読が優先されるようになる。しかし、発音が快楽である間はできるだけ多くの言葉を発音のみでインプットできるという性質もある。

自分は広島県安芸郡府中町にあるこばと幼稚園の出身であるが、同園はプロテスタントの訓えに立脚した教育を行っていた……とは書いたものの、そんなことは後になって分かったことで、当時はいろんなところに十字架があるなぁとか、先生方がよく「エッサマ」と言うなぁ、という程度の認識しかなかった。また「シュワッ」もよく聞いた記憶がある。当時は何かの音（擬音語）だと思っていた。

ちなみに「エッサマ」がイエス様であることを知ったのは小学生になってからである。同じく「シュワッ」が「シュハ」すなわち「主は」だと知ったのはさらに後のことである。

讃美歌もよく歌ったのであるが、その中に『諸人こぞりて』というものがあった。もう歌詞は何を言っているのかまったく意味は分からないが、発音のみで焼き付けて暗唱していた。そして今も暗唱している。実に約三十五年間に亘って刻まれているのである。

「意味も分からず歌う」というのは、メロディ付きの素読のようなものである。メロディの効果があるのでより脳裏に刻まれやすい。幼稚園児の年齢でも、だいたいその言葉が国語（日本語）か外国語かというのは感覚的に判断がつくのだが『諸人こぞりて』に関しては大部分を国語だと認識しつつ、外国語が入っているとずっと思っていた。「シュワキマセリ」の部分である。またこの歌の中には「シュワァア、シュワァアアキマセリィ」と歌い上げる部分があり、先述の「シュワッ」とリンクして当時の自分の中で大盛り上がりであった。しかし、外国語だと信じていたし、そもそも意味は知らない。知りたいという関心も生まれず、「シュワキマセリ」と発音するだけでもう楽しくて仕方なかった。

ここで「主は来ませり」であることを教える必要もなく、受け手はその部分に関心がなく、それを理解するための素養もまだないために、教えたとしても、徒労に終わるだけである。


逆に、ご丁寧に意味を教えようとしても幼年期においてはそれを求めていない。言葉を習得するにあたり、本格的に意味について考えるようになるのはだいたい小学校の中学年から高学年くらいであろう。個人差も非常に大きいのだが年齢でいえば九才~十才くらいが「発音のみでも楽しめる」という感覚と「意味を知りたい思いが顕在化する」という感覚の境目になっていると思われる。

言葉に限らず、その年齢というのは物事に対する感覚や認知にいろいろな変化が生じる頃であるといわれている。年齢の数え方でも「……いつつ、むっつ、ななつ、やっつ、このつ」までは「つ」を伴って表現されているが、十才になると「とお」となる。昔の人も実地経験としてその頃に人間の成長の節目があることを認識し、それで年齢呼称の表現を変えたのではないだろうかと私は推察している。

そしてその年齢の区切りでの変化としてもうひとつ挙げておきたいのが「繰り返すこと」

への反応である。それ以下の年齢では、繰り返すことは苦にならず、むしろ楽しいこととして認識されている。しかしそれ以上の年齢では、無駄なこと・苦痛であること、と認識されがちである。幼児を育てているご家庭や幼年教育機関で働いておられる方であれば経験があると思うが、何度も何度も同じ絵本を持ってきては「読んでほしい」と頼まれたことはないだろうか。いったい何回読めば気が済むのだろう……というくらいに。一度覚えたテレビコマーシャルのフレーズを日がな一日言い続けていたことはないだろうか。幼児にとって繰り返すという行為は、日々の課題のごとく、ごく自然にこなしていくものなのである。

素読において「繰り返し同じ言葉を読む」というのは非常に重要なことである。発音はより深く刻まれ、そのうちに暗唱をしてしまうようになる。そうすれば、脳内のデータベースとしての言葉の引き出しがひとつ増えたこととなり、初期の目的を達することができる。いかに吸収力に優れた幼児といえども、一度しか発音しない言葉を吸収・定着させるのは困難である。繰り返し素読する中で深く確実に定着していく。

しかし、先述の節目あたりの年齢あたりから、繰り返すことを負担に感じたり、また、繰り返すことの効果についての疑念が生じたりするようになる。この疑念というものは、そもそも幼年時には存在していなかったものであるが、感性と理性が拮抗し、理性での思考が増えるに従い「なぜ繰り返す必要があるのか」「繰り返すことに効果はあるのか」という考えを抱くようになる。もちろん、理性において「繰り返すことは合理的である」という判断が下されれば、それに取り組むようになる。例えば、素振りによってバッティングの能力が上がると判断し、それが必要であると考えれば繰り返し素振りをするわけであるし、毎日グラウンド十周することが足腰を鍛えることにつながるとなれば、やはりそれも行うのである。ただし、こういった体力養成以外の分野においては、繰り返しを幼児的であると感じるからなのか、あるいは面倒だと感じるからなのか、その理由は分からないが、非常に消極的になっていくのである。

発音すること自体に楽しみを見出している点、意味を欲していない点を考えると、素読というのは実に幼年期から合理的に取り組める方法であると言えよう。

言葉の力が足りない・国語力がない……というフレーズをよく聞く。実際に現場で指導していても言語能力の低下は顕著に感じる。語彙の蓄積量や使用している言葉の水準は以前と比較すると二十年前くらいを基準にしても四学齢程度は下がったように感じる。二十年前の小学一年生の言語能力と現在の小学五年生のそれが釣り合ってしまうという意味である。大げさなことを、と思われたかもしれないが、現場にて肌身で感じた感覚である。格段に児童の言語能力は低下している（大人も同様であるが）。

国語のテストで高得点を得るためのスキル云々という以前に、圧倒的に言葉の蓄積、いわゆる「語彙」が足りないのである。こうなってくると成績以前の問題であり、日常生活の中での会話する能力や作文での表現力、読み取りの力……などに大きな支障をきたす。このこに素読を廃してしまった負の影響が如実に出ていると考えられる。すなわち、インプット量の絶対的な不足に起因する悪影響である。

次に語彙の蓄積について考える上で有用なデータを掲載する。これは坂井一郎氏のデータによる年齢と語彙の蓄積量の関係性を示すデータである。表から読み取れる内容として六才の時に五六六一語の単語が蓄積されており、二十才ではそれが四万八三三六語まで増加していることが分かる。六才～二十才までの十五年間で約四万三〇〇〇語を積み増しているわけだが、毎年同じペースで積み増しているわけではなく、八才～十一才の時期に語彙獲得数の率が激増していることが分かるのだ。

先述のとおり、この年齢層は「発音のみでも楽しめる」という感覚と「意味を知りたい思いが顕在化する」という感覚の境目にあたり、素読による音声のみのインプットが大きな効果を出しやすい時期なのである。この言語の大量獲得期に意味まで同時に教えるというのは時間がもったいないのだ。ひたすら多くの発音で言葉をインプットし、できるだけ量的な面での優位性を得たいわけである。

この時期は言語習得における臨界期にも相当していると思われる。この時期に大量の言語インプットができなかったからといって、では年齢が上がってから後にそれを補おうとしても実質的には不可能なのである。

だからこそ、この時期にしっかり素読を行うことにより、さらに多くの語彙の獲得が期待できるのである。

年齢（歳）	蓄積語彙量	年間増加数	増加率（％）
6	5,661	1,039	18.4
7	6,700	1,271	19.0
8	7,971	2,305	28.9
9	10,276	3,602	35.1
10	13,878	5,448	39.3
11	19,326	6,342	32.8
12	25,668	5,572	21.7
13	31,240	4,989	16.0
14	36,229	4,223	11.7
15	40,462	3,457	8.5
16	43,919	2,521	5.7
17	46,440	1,389	3.0
18	47,829	438	0.9
19	48,267	69	0.1
20	48,336		

その四　一度でも発音をインプットした言葉には強く反応する

私たちは日常の中で多くの言葉を無視しつつ生活している。テレビから流れてくる言葉、広告の文言など、いちいち意識を集中してそこに傾倒していたら脳の言語処理能力はパンクしてしまうだろう。よって、聞き流すことや目に留めないようにすることそれ自体を良くないとは言わない。

しかしこれが学業に対する姿勢であれば大きな問題となるだろう。先生の解説を聞き流す、教科書や参考書の記述を真剣に読まない……。こういった状態を良しとする人は少数であると思われる。しかし実質的には「授業が楽しくない」「解説がよく分からない」などの理由で深く聞き入ることやしっかりと読み込む姿勢を持ちにくい。これは大人も子供も同じことである。

ではここで次の言葉（人名）を素読してみてほしい。数回は繰り返していただきたい。

鳥居　強右衛門（とりい　すねえもん）

どんな人物か知らなくても、あるいは興味がなくとも数回素読をすればすぐに覚えてしまうだろう。そして年月を経て自分では素読によってインプットしたという記憶を失ったとしても、脳に刻まれている状態は変わらず、潜在記憶として実在しているのだ。

ここである退屈な授業を想像してほしい。あまり解説が上手ではない先生が国史（日本史）の授業をしている。ほとんど聞き流している状態で眠気も強くなっている中、先生の口から「とりいすねえもん」という言葉が出たとする。するとどうだろう、一気に意識が喚起されて「えっ！　とりいすねえもんって、自分でもなぜなのかは分からないが聞いたことがある！」となる。すると今まで聞き流していた授業でも「とりいすねえもん」に強く反応し、発音でしかインプットしていなかった「とりいすねえもん」がどんな人物なのか気になるようになり、授業に聞き入ったり、自分で調べたりするというプラスの効果をもたらす。

大人であっても同様のことである。退屈な会社の会議で経営者が次のように発言したとする。

「わが社のこの状況を救う『とりいすねえもん』のような社員はいないものだろうか」

「とりいすねえもん」を知らねば聞き流しているだろうが、素読によって発音をインプットしている以上は「！」とすぐに反応するだろう。

要は発音によって言葉をインプットしておけば、再びその言葉に出会った時に反応は大きくなり、興味を喚起されるということである。となれば、できるだけ幅広いジャンルの大量の言葉を幼い頃からインプットしておけば、成長した後に多くの言葉に強く反応することができ、興味の範囲を広く深く持つことができるようになる。結果として学業成績の伸長に大きなプラスとして作用するわけである。

さて、大人の脳は知らない言葉に出会うとその意味を欲するという特性を持つ。「とりいすねえもん」を知らない読者は、いったいどういう人物なのだろうかとお考えだろう。しかし申し訳ない。ご自分で調べていただきたい。

先ほど「潜在記憶」という言葉を使った。これは認知心理学の言葉であり、一般的ではないかもしれないので少し解説する。素読がプラスに作用する仕組みにも関わる言葉でもある。

記憶には大別して「顕在記憶」と「潜在記憶」とがある。

顕在記憶とは、自分自身で思い出そうとする意思を持って思い出す記憶のことをいう。例えば「えっと、山田さんのところの長男は何年生だったかな……。あぁ、今年で小学六年生だったわね」ということがあった場合、これは思い出そうとして思い出したのであるから顕在記憶である。

続いて潜在記憶とは、自分では思い出そうとする意思を持っていないのに、無意識のうちに思い出してしまう記憶のことをいう。過去にどこかでインプットした情報をもとにして何かをひらめいたりする場合は潜在記憶が作用していると考えられる。ひらめきというと何かビビッと天から降ってきたもののように感じる場合が多いが、基本的には過去の蓄積、要は自分の中でのデータベースにある範囲のものから生じているのである。

もうお気付きいただけたと思うが、素読は顕在記憶も潜在記憶も増やすことができる学び方なのである。

その五　特別な修練を積んだ指導者でなくとも素読をリードすることができる

何かを学ぶとなると、では誰が教えるのか、どんな教材を使うのか、ということから定めねばならないが、素読に関してはそこまで深く考える必要がない。大人が素読をするのであれば、自分で何か書籍を購入してそれを素読すれば良いのだ。子供の場合は特別に研鑽を積んだ先生でなくとも、親や周囲の大人が何か言葉なり文章なりを示してそれをお手本として読み上げ、そして子供に素読させればもう十分に成立しているのである。

もちろん、知見と実績に富み、教務技術の研鑽を積んだ素読の先生に師事するのが理想であるが、まず自分自身で、あるいは家庭で素読に取り組むことはできるのだ。コストもかからないし、場所や時間を選ばないという点で気軽に取り組める方法であるのだ。

素読という言葉の定義を考えれば、そもそもが意味の解説を必要としないわけであり、素読をリードする側は最低限の知識として発音の仕方さえ知っていれば、教える立場にあるといえども意味を知らずとも良いのである。

その六　脳の活性化に大きな役割を果たす

素読というものは、ぶっきらぼうな言い方をすれば文字を読んだり、あるいはお手本となる人の発音を書いたりして、ただ発音していれば成立していることになる。それ以上の高等な理解を求めていない。しかし表面的には単純に見える素読ではあるが、それに必要な作業を細かく考えてみると複数の作業により成立していることが分かる。

まずは、字を「目で追う」ところから。この段階はお手本を「耳で聴く」という方法でも良い。続いてそれを「口から発する」ことで音声化し、その音声を「耳で聴く」ことにより、正確に読んでいるかどうかを提示されたお手本と比較しつつ「確認する」という作業を発音と同時に行っている。そこで、間違いが見つかれば、修正して再度「口から発する」ことで正確さを保ち、素読を続けていくという段階を踏んでいる。

複数の作業を同時に行っているわけであるから、脳はフル稼働状態である。近年、デジタルゲーム機で遊んでいる最中は脳の一部しか稼働していないことが指摘され、ゲーム脳という言葉もできているが、それとは対極をなすものが素読である。有名な脳科学者である東北大学教授の川島隆太教授は、素読は脳の活性化に著しい効果をもたらすと主張されている。

パソコンの作業においても複数のソフトを立ち上げていろいろな仕事を同時に進めているとパソコンはフル稼働状態になり、時としてフリーズしてしまうが、それと同様、素読という作業もマルチタスクを遂行している状態にあり、平易なようで高度な営みをしているということが言えるのである。

このように素読にはいろいろなメリットがあり、言語能力の伸長以外にも効果をもたらすわけであるが、先述したものはあくまで素読をすることで直接的（一次的）に得られるメリットのことであり、二次的、三次的な効果についてはこれより後の章で詳説することとなるのでここでは説明を見送る。

しかし素読の本来のとてつもない効果の発現は、二次的、三次的に見られるものの中に含まれており、ここで説明した素読の効果と必要性についてはあくまで表面的なものであると思っていただくのが良いと思われる。二次的、三次的に見られる大きな効果は後の第五章「素読で広がる可能性」にてご説明したい。

素読というのは言語の体得に極めて有用な学習法である。「体得」と表現したが、まさに体躯にしみこませるように言葉が吸収できる。まずはカタチ（発音）から覚えていく。表記や意味は後で良い。

鉄棒の練習を想像してみてほしい。逆上がりができるようになるまでは、ほとんど鉄棒の前で何度となく体を動かし続けるはずだ。うまくいかねば逆上がりができる人のフォームを観察して導入したり、また、コツを教えてもらって自分なりに体現したりしようとする。ただあくまで「逆上がりをしようとする」という体の動きを前提に練習が進むわけで、例えば（こういうパターンも皆無ではなかろうが）座学で逆上がりにおける体重・重心の移動方法や使用する主な筋肉について教えられることで、次に鉄棒の前に立つと逆上がりができるようになっているわけではあるまい。例えば「その時に大胸筋を緊張状態にして……」と指示されたところでそれで「なるほど！　分かった」となる人は少ないだろう。

要は細かい理屈ではなく、実際に体を動かすことで逆上がりを達成していくわけだ。

私たちはテレビのリモコンを簡単に、当然のように操作してテレビを視聴しているが、テレビが映る仕組みやリモコンの構造について理解している人は僅少だろう。最近では家電製品の取扱説明書がより重厚になった印象があるが、それをすべて精読してから電源を入れる人がどの程度いるだろう。（家電製品の種類にもよるが）ほとんどの人がとりあえず電源を入れてみて、いろいろとボタンを押してみるのではないかと思う。

素読のみならず、私たちの生活の中では「理屈は知らないが〇〇ができる」ということが多々ある。そう考えてみれば「意味は知らないが発音においてその言葉を知っている」「書けと言われると無理なのだが、声に出すことはできる」という素読は、むしろ人間の技能習得の方法からして極めて自然なものであると言えよう。

第二章

素読の歴史

素読の栄枯盛衰

素読の歴史について述べてみたい。まずここで書いておきたいのは、わが国においては素読の歴史を語る時に栄枯盛衰が顕著であり、明治以降に「衰」が始まり、戦後に至って「枯」となっている、ということである。

しかし他国に目を移した場合、現時点においても幼年教育・初等教育における言語学習の中心は素読である。よって言語教育の歴史を考える時、素読を絶滅させてしまったわが国は世界の中でも非常に特殊な事例であると言える。

歴史の中のどの時点で素読が始まったのか、また、どのような人がそれに関知していたのかという点については詳らかではない。わが国においては中世においてそれが始まったという論説があるが、素読というのは「音」を基準にした教育法であるので、その履歴が確認しづらいのである。鎌倉時代にｍｐ３で素読の様子をデータ保管しているのであれば素読がその時点で行われていた証拠になるが、そんなものはない。

私は以前に静岡県浜松市中区の縣居《あがたい》神社において、正平年間に記された論語の教科書『正平版論語』を見せていただいたことがある。正平という元号は十四世紀半ばに使われていたものであるから、実に六五〇年前のものであり、静岡県が県指定重要文化財としているものである。

この『正平版論語』は、論語の講義を受講した者によって使用されていたと考えられ、趣ある和綴じの装丁のこの本の各ページをめくると、本文として論語の白文が記されているのだが、受講者が書き込んだと思われる注釈や朱色での傍線も各所に見られた。またページによってはその余白部分がびっちりとメモ書きで埋め尽くされていた。非常に熱心な受講生であったことがうかがい知れる。

素読教材として用いられていたかどうかは確定的なことを言えないが、ごく一部であるが漢字にルビが振られている点、また書き下して読む時の送り仮名が書き込まれている点などからすれば、これを素読していた可能性は極めて高く、素読の発祥が中世であるという説を補強する史料であるとも考えられるが、あくまで想像の域である。

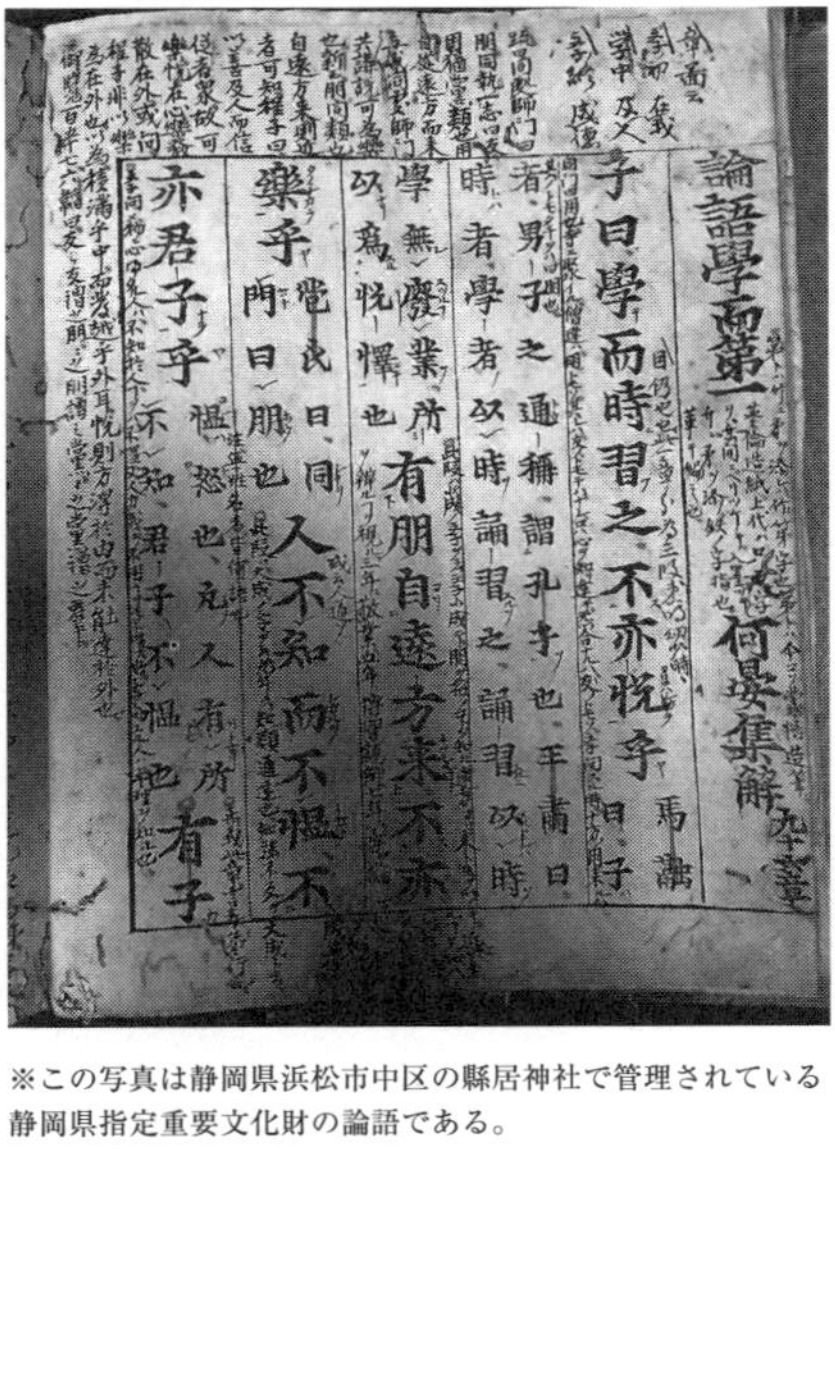
論語學而第一　何晏集解

子曰學而時習之不亦悅乎

有朋自遠方來不亦樂乎

人不知而不慍不亦君子乎

※この写真は静岡県浜松市中区の縣居神社で管理されている静岡県指定重要文化財の論語である。

素読が一般的に広く言語学習の方法として隆盛するのは江戸時代であるといわれている。各地には藩立の藩校だけではなく、庶民教育機関として民間が運営する寺子屋が多く存在した。江戸時代に寺子屋は全国に二万を数えたという。藩立であっても私立であっても、その教育の現場では素読が行われており、学び舎は素読の声がいつも響いていたと思われる。この時代になると子供が素読をしている様子の絵が描かれていたり、素読教材が多々現存したりしているので素読が広く行われていたことは確実である。

素読は文字の習得に先行するか、あるいは同時進行で行われていたようであり、いかに素読が重視されていたのかが想像できる。なぜ文字習得に先行ないし同時進行で……ということが言えるのかというと、般若心経を素読させることに特化した教材が現存しているからである。しかしその教材に文字はない。小さなイラストのような絵が一枚の紙の上にびっちり描かれている。般若の面相、おへそを出している様子、何かを眺めている人の目……などなど。般若心経のうち「摩訶般若波羅蜜多心経」の部分について絵をヒントとして素読させるために、般若の面相を描き（般若）、おへその絵（腹／ハラ／波羅）を描き、何かを眺めている人の目（見た／ミタ／蜜多）というイラストを描き、発音を連想させて自分で素読できるような構造になっている。

お手本として発音をリードする指導者がいたと思われるが、一度発音を聞けばこの絵の助けを得て自分で素読できるようになるであろう。これにより文字が読めない状態でも素読させていたことが分かる。また、般若心経の意味とは何の関係もないようなイラストを描き連ねているため、これが意味とリンクさせない素読のための教材であるとも証明できるのである。

当時の人も経験的に言語インプットの効果的な方法や時期を知っていたので、文字が読めなくてもまず先に素読を行っていたのではないかと思う。

かくしてわが国の初等言語教育の中心に素読が据えられていたのである。

時代は明治維新を迎えることとなり、教育についてもその内容や仕組みが大きく変更された。寺子屋という民間機関が主体であった初等教育は官立（公立）のものとなり、指導内容も前時代と比較すると自然科学に関するものが増え、実利主義的な色彩が色濃くなった。素読教育も引き続き行われてきたが、この時代から衰えを見せるようになる。

なぜ素読は衰退したのか……という点を考えてみるといくつかの理由に行きあたる。しかしそれらいずれもが素読という教育方法の不備ではなく、政治的な影響や当時の思潮に関わる理由が主である。素読教育はその本質的な効果を問われる以前に、社会の変化のあおりを受けたということになる。

当時の国際状況を顧慮しても分かるように、時代が求める教育に変化させていかねばならないという事情もあり、実に急激な教育の変化が短期間に行われた。教育の手法だけではなく、教育の理念も大きく変化していったことも挙げねばならない。

明治維新の教育制度は、前時代の儒学を重視する教育には否定的であった。教科書は欧米の科学技術の解説や文化論などの文章を翻訳して制作された。寺子屋でもしきりに使われた漢籍の教材は使われなくなり、素読もこれに連動して衰退していった。

末学重視による明治天皇のご懸念

教育理念についても大きな変化があったと先述したが、端的に表現すると、旧来の「本学」を重視する考えから、「末学」の比重が高められるようになった。本学を軽視したというわけではなく、末学を重視したというほうが適切な表現であると思われる。

ここで「本学」と「末学」について説明しておく必要がある。これは素読の二次的効果を説明する上でも重要な概念なので。

まず本学とは、自分はどう在るべきか……ということを考えていくための学問であり、生き方について思いをはせ、徳性の高い人格を形成するために必要な学問系統のことをいう。

寺子屋では『論語』や『大学』などの漢籍を主としてこの本学を教授していた。偉人の言葉や生き様を古典を通じて知る中で、自分もこう在りたいという心を育てていくのである。

末学とは、生きていくための技術（自分で稼いでいく方法）について学ぶものである。百姓であれば稲作の方法を学び、職人であれば材木の加工技術を体得し、武士であれば武術や公務員としての必要知識を学び、商人であれば営業の具体論を学ぶ……などなど。単純に「スキル」といってしまうとやや語弊があるが、本学と比較すればあくまでスキルを学ぶという雰囲気が強い。

本学と末学の双方を学ぶことによって人格の完成と経済的な自立を図るというわけであるので、双方が大事なのである。しかし、人格的な完成を目指すことなくスキル重視で金儲けのことしか知らない人間は困る……ということで、本学が優先であり、末学はその後からついてくるもの、という位置づけであった。もし末学ばかりに傾注し、本学を軽視するようなことがあれば、この状態を「本末転倒」と表現し、情けない状態であるとされた。

この本学・末学の位置づけは江戸時代も明治維新以降も変わらないのだが、明治維新以降は殖産興業、富国強兵の国策のもと、多くの国民を（基礎的素養やスキルの面で）均質に育てる必要があり、末学が重視されるようになった。当時の教科書を見れば決して本学が軽視されていたわけではないことが分かるのだが、比重が変化したのは確かである。

ただ、高等教育の場においては末学が最重視され、当時のインテリの間には「本学などは旧来の教育の残滓であって新時代には必要がない」という風潮が顕著になっていった。明治十年代の後半になると道徳的な概念の乱れがしきりに指摘されるようになるのだが、こういった教育の影響があることは確かだと思われる。

そんな風潮の中、明治天皇が帝国大学（後の東京帝国大学、現在の東京大学の前身。当時、国内では東京にのみ帝国大学があったので単に「帝国大学」と呼称すれば東京にある帝国大学を指した）に行幸された際にこんなエピソードが残っている。

明治天皇は非常に進んだ近代教育の在り方に感心されつつも、将来の日本を背負って立つ人材を育成するための大学に修身科がないことにご懸念をお示しになった。そしてこの視察の際の懸念から、文部大臣や総理大臣に帝国大学での修身教育導入を諮《はか》られるのだが、実現には至らなかったという。

帝国大学のない地方であっても、明治二十年代に入ると行政官らが新しい教育に懸念を抱いていたという事例が各地にある。旧来からの「報恩感謝」「謙譲」「父母への忠孝」という考えは軽視されるようになり、前時代の教育を受けてきた父母を侮辱したり、学校でも教師に敬意を持って接しないという事例が出てきたりした。

こういった風潮の中、明治二十三年十月三十日に教育勅語が渙発《かんぱつ》されるに至ったという経緯がある。教育勅語ではわが国の伝統的な美徳や教育の役割を提示され、いろいろな徳目を示され、最後に天皇が「自ら率先してこれらの徳を身に付けるよう努力するので、国民の皆さんも一緒にがんばりましょう」と呼びかけられるかたちで締めくくられている。明治天皇が勅語というかたちで徳育について国民にお示しにならねばならないほど、道徳が廃れていたわけである（「教育勅語」を軍国主義の元凶と言う人が少なからずいるのだが、自分はそういう人たちの考えに与《くみ》することはできない。そもそも「教育勅語」をまともに読んだ上でそう言うのであれば、余程読解力が足りないのだと思われるが、この点は個々の思想信条に関わると思われるので深く言及しない）。

さて、このように末学の比重が上がる……すなわちある程度のスキルを身に付けた即戦力の育成、というところに教育の比重が移ってきて、素読教育が衰退の局面を迎えても、絶滅したわけではなかった。

確かに公文書がすべて漢文だった江戸時代と比較すれば、公文書も徐々に言文一致体の文章へと変化していったわけで、漢籍の素読は影を潜めた。しかし、実際には寺子屋の建舎を小学校として使用したところも多く存在したわけであり、また旧時代の藩校や寺子屋の指導方法が（公教育の中では急激に変化したとはいえども）人々の記憶の中から一気に消滅したわけではない。

わが国の教育の中では「学問とは漢籍を学ぶことをいう」という風潮が江戸時代以前から非常に強く、これは明治期の末期でも民間レベルでは継続していた。民営の漢学塾や寺子屋（寺子屋は明治期にも残っていた）でも漢籍を教えるところがあり、その主たる方法はやはり素読であった。

明治になっても続いた寺子屋風教育の実例

このことは明治期に初等教育を受けた人たちの自叙伝などから読み取ることができる。次の明治初期の実例をいくつかの例を挙げたい。

●森鷗外

九才の時…養老館へ五経復誦に通った。父から和蘭文典を学んだ。

十才の時…養老館へ左伝、国語、史記、漢書の復誦に通った。藩医室良悦について和蘭文典を学んだ。十一月に廃藩置県により養老館が廃校となった。

十三才の時…東京医学校予科に入学する。この時規定の年齢に満たないため二歳増して万

延元年（１８６０）生まれとして願書を提出し、以後公的にはこの年齢を用いた。この頃、漢文で『後光明天皇論』を書いた。十四才の時…この頃『古今集』『唐詩選』『句集』『心の種』（橘守部）などを読んだ。

『森鴎外全集別巻』（筑摩書房）より

●鳩山春子

私はある日の曝書《むしぼし》に、四書や五経をちらと見まして、こんな本を読んでみたいと云う気がきざしたものですから、ちょっとそのようなことを母に申しました。祖母だの母だのは兄の教育に非常に工夫を凝らして色々と骨折った経験もありましたから、それならばさせてあげましょうと云うので、近所の漢学の先生に通わせてくれたのです。

一軒では少しずつほか教えられぬので論語や孟子は別々の所を一日に三軒も廻って稽古したように覚えています。私は非常に凝り屋でありまして、何か一つのことをするとそれに熱中します。それですから一軒の先生に教わる位では満足できぬからそれからそれへと廻ったような訳でありました。この時分（明治五、六年ごろ）には随分書物を教える人が沢山御座いました。それで一方には習字を始め、これも矢張りそれらの人に見て貰うといったわけでありました。

私は学校入学前に漢学の先生の所へ参りましたので初学の人より勿論よく出来ました。それで論語や孟子の素読は暗誦するように覚えておりましたが詩経や書経はむずかしくて覚えにくいように思いました。

（中略）

武士の家庭では女に遊芸等はさせないのでしたから、音楽のような思想はちっともなかったのです。都の兄が帰省しますとその時は、色々と詩吟を教えてくれまして私は男子と同じように高声で詩吟する癖があり、これを楽しみにしていたもので、姉と一緒によく吟じたのを覚えています。勿論意味は分からず、唯それなりに唐詩選などを引張り回していたのです。

私共は、かような有様で唯勉強ばかり分からぬなりに一生懸命にしたのにすぎません。論語、孟子、詩経など未だ乳飲み子に分かる道理はないじゃありませんか。けれどもこんなものを非常に熱心に読んで、殆んど暗誦せんばかりによく繰り返したものです。母は余り監督がましいことは申しませんでした。唯褒めるだけで、常に褒めてくれたものですから、朝未だ暗いうちに起床し、朝飯前に漢文の先生の所に参り、門の開くのを待って居りました。その中に男児の人々が大勢参ります。女といえば私がたったひとりでありましたが、少しもそんなことは怪しみません。みな到着順に教えてくださるので、私は第一番に教えて貰いました。

鳩山春子『自叙伝』（『日本人の自伝』平凡社）より

●田岡嶺雲

予が学校の六級に進んだ頃、新聞が始めて県下（荒木注、高知県）に発刊せられた。予は父に請ふて新聞を取る事の許を得た。其の折の嬉しさは、臆病な予が自分で町へ出て、其の社へ往って注文して来たのでも想像せられる。新聞は『高知新聞』といふ隔日発行の小型な四頁のものであった。新聞に書いてある論文や記事には読めない個所が少なくない。又、読めても分からぬながらに、之を読む事が一つの楽しみであった。

（中略）

此の頃であったろう。学校から帰ると、父に『小学』の素読を習うた。飴色の厚い表紙の大きな本に、重々しい四角な文字が威儀厳然と並んでいるのが、何となく尊いやうであった。「小学序、古は」と口移しに教えられるのを、夢中で覚えた。訳も判らず難しい者とは思ったが、漢籍を習ふといふ虚栄の誇の為に、左程厭だとも思わなかった。小学校へ草子などを入れる文庫と、手習机を持ち込んだ時代であるから、学問の上に未だ寺子屋時代の風が全くは去らなかった、従って教師の自宅へ通って、課外に漢籍の稽古をする事が生徒間に競争的に行われた。『国史略』から『日本外史』『十八史略』といふやうな順序であった。「天地未だ開けざる時、混沌として鶏子の如し」といふ『国史略』の開巻第一の語を難しいと思った。

『田岡嶺雲全集・第五巻』(法政大学出版局)より

●田山花袋

私は歩み寄った。読書の声は湧くやうに中から聞こえた。それは昔の大名長屋のやうなところで、なまこじつくいの塀の上に、所々街頭の塵にまみれ、西日の暑い光線に焼けた小さな窓がつづいて見られた。包荒義塾といふ大きな招牌がそこにかかっていた。湧くやうに聞こえる読書の声! 私はなつかしくなって、小さな姿を其窓に寄せた。其処には修行に出ている兄がいるのである。しかし一面には、かういふ小僧姿の弟を他人に見られる兄を気の毒がって、私は公然兄を訪れて行かうとはしなかった。無邪気な憐れな小さな気兼よ。

(中略)

兄の通ったやうな漢学の塾は、其頃到る所に合った。中村敬宇の同人社、三島中州の二松学舎、その時分の書生は、天下の事を談ずるといふ風なものが多かった。弊衣破袴、蓬

髪乱頭、さういふことを見得にして、中でも殊に脂粉の気に近づくものをいやしんだ。包荒義塾は、八家文の素読では名高い塾で、先生は、中村謙、峰南と号し、昌平黌の助講をしたことがあった。

田山花袋『東京の三十年』（日本図書センター）より

以上が明治初期における素読教育の状況についてありありと記している文章の一例である。お気付きいただけたように、新時代の到来によって一気に素読が消滅したり、公権力の介入によって圧迫されたりした痕跡はない。しかし、明治という新時代は素読がゆるやかな衰退へと向かう大きな転換期となる。

まず、前時代のものを否定する……という風潮があった。これについては新政府もそれに加担したふしがある。世界中、どこの国でも新しい政権が登場すれば、その前時代を否定する作業を始める。特に革命という国家の滅亡と新国家の建設という段階を踏んだ国であれば、前国家の否定は熾烈を極める。

わが国は革命という王朝交代を経験したことがない世界に稀有な国であるが、それでも前時代の否定という風潮は起きている。明治の維新に関しても、徳川時代の政治やそれが構築した社会システムについて負の印象をまとわせることにより、新政権の正統性について訴えたのは確かである。それは良いとか悪いとかそういう評価の話ではなく、新政権が行う作業の中のひとつなのである。すると前時代の教育システムについても否定的な見解を喚起することは想像に難くない。事実、明治初期の書物の中には寺子屋教育について酷評しているものが複数見られる。

また、先述のように社会における漢文理解の必要性が低下していく中、体感的に漢文を吸収していく方法である素読は、その役割の重要性を低下させていく。もちろん、口文《こうぶん》一致の方向へ国語が歩み始めた明治においても、その新しい文体の仕様に書き下された漢籍やわが国の古典を素読によって学ぶという方法は有効であるわけだが、しかし、白文の漢籍を当然のように読んでいた時代と比較すれば言語学習の負担感は低下したものと思われ、よって言語教育方法についての見直しの機運があったことも想像できる。

しかし、私がここで強く指摘しておきたいのは、この時代に非常に強い嵐のごとくインテリ層を中心に巻き起こっていた、わが国の文化や伝統をまとめて否定する風潮である。これは社会の欧米化、いや欧米崇拝傾向と表裏をなすものである。欧米列強の「優れた」文化を取り入れることでわが国を富ませ、また強い国防力を手に入れて国家の独立を保全するという考え方と同時に、それをより強力に推進するためにはわが国の「劣った」文化を唾棄することが必要である、という考えがあった。

その思想自体の良否云々は置いておいても、これは言語についても同様のことであった。国語（日本語）は劣った言語であるので、英語を国語と定めて英語の国にしよう、という論説を本気で唱えるものも少数ではなかった。何せ文部大臣の森有礼《ありのり》自身がその推進論者であった。

国語教育軽視という明治期の風潮

当時、わが国は欧米の進んだ技術を導入するために各分野の専門性を持つ外国人を高給で雇い入れていた。いわゆる「お雇い外国人」である。彼らが教育機関で教鞭を執る際は彼らの母国語、すなわち日本人にとっての外国語を使うため、舶来の高等技術の習得にあたって要求される第一歩は外国語を理解する能力であった。大学においても教授陣は外国人ばかり、講義は外国語で行う、という状況があった。

当時のインテリ層は英語をふんだんに挿入した日本語で会話をしていた、という記録もある。現代人に分かりやすく伝えるためには、ルー大柴が良い例だと思われる。特に氏名を挙げるわけではないが、やたら外国語を用いてスピーチを行う政治家もいたような、いなかったような……。

日本語は語彙が少なく、外国の新しい概念を表現することができない。スピーチに向かない言語であるから、いっそのこと日本語を廃して英語と総取り換えしてしまおう……。こういった論調が明治期に生じた。

福澤諭吉をはじめとしてこういった論調に強く反発する論陣もあった。そして日本人は近代科学の概念を含んだ欧米の言葉を「新しい日本語」を創り出す、という方法で乗り越えていく。自由、社会、平等、経済、精神、国民、政府……など、私たちが現在当たり前のように使っている言葉は明治期の先人の貴重な発明なのである。

実に面白いことに、いち早く近代化を成し遂げたわが国は、欧米から導入した概念を表現する言葉を新たに作り、それを清国に輸出していることだ。かくして近代化の道を模索してもがいていた清国には日本から輸出された言葉が多く導入され、現在の中国においてもそれらの多くは活用されている。「中華人民共和国」という国号のうち、自前のものは「中華」のみであり、「人民」「共和国」のいずれも日本製の言葉であるくらいだ。

話を本筋に戻そう。わが国においては「日本語の語彙を増やすことで新しい概念も自分たちの言葉で表現する」という道を採ったわけであるが、英語に総取り替えしてしまえば楽である……という意見も明治初期においては強く存在していたのである。バスに乗り遅れるなとばかりに無邪気に「グローバルだ、英語だ」と叫んでいる現代日本の風潮とひょっとしたら似ているのかもしれない。

そういった明治期の社会の傾向は日本語軽視の風潮を生んでいった。そもそもが「劣っている」と忌《い》んで、消滅させることが理想だという「知識人」もいるわけで、国語教育が軽視されていくのも当時としては当たり前の流れだったとも言える。

また、江戸時代末期においても漢字が教育の障壁になっているとして漢字廃止を訴えた事例が複数ある。わが国における近代郵便制度創設者として有名な前島密《ひそか》もその一人である。慶応二（西暦一八六六）年のこと、前島は当時、幕府の開成所に出仕していたのだが、将軍・徳川慶喜に漢字の廃止を建議した。先述で日本語を重視した人物として挙げた福澤諭吉も、漢字は徐々に廃止して仮名を重視すべきであるという意見を公表している。

このように前時代からの国語の在り方について疑問を呈する向きは皆無ではなかったわけだ。明治以降の著述に、漢籍の素読には意義があることだった、という記載もあれば、また同時に前時代の残滓であるという扱いで単なる苦痛に過ぎないととらえているものもある。とすれば、新しい時代を迎えることを契機として従来の国語教育の在り方への否定的な意見が噴出した可能性もあるだろう。かくして素読は衰退期を迎える。

しかし、素読が完全に消滅したわけではない。確かに明治期になっても存在していた寺子屋や漢学塾は減少していくが、家庭教育において残っていたことはいろいろな自叙伝の中に家族から素読を指導されたシーンが登場することでもうかがえるし、教育機関の中でも継続して行われていた痕跡は各所から類推できる。

わが国の近代教育発祥の学校として沼津兵学校が挙げられることがある。沼津兵学校は明治元年に仏式軍隊の養成という目標のもとに駿河国・沼津城内の建物を学舎として創立された学校である。徳川家によって開校された兵学校であり、受講資格は徳川家の家臣である十四歳から十八歳の男子ということが原則であった。

やがて明治三年には兵部省の管轄となり、明治五年には政府の陸軍兵学寮と統合して東京へ移転した。

歩兵学校、砲兵学校、築造将校などのいろいろな学科を具備し、その予備校として設立された小学校の科目は次の六教科を本科としていた。素読、学書、算術、地理、体操、講釈、聴聞である。まさにこの小学校は近代的な小学校の先駆とも称され、明治期の教育に大きな影響を及ぼしたといわれている。すると素読が引き続き公教育の中で行われていた可能性は低くないのである。

身内の話になるが、私の曾祖母は明治四十一年の生まれであり、自分が高校生になるまでは同居していたこともあって話をする機会も多かった。曾祖母は新聞を読むにしても書物を読むにしてもまず声を出していた。また大正から昭和初期に生まれた祖父母も同様であった。すでに黙読を基本として育った世代の自分からすれば、何でも文字を発音するというこの曾祖母や祖父母の読み方には違和感があったのだが、今にして思えばそうした基礎教育を受けてきたために発音するという習慣が身に付いたのだろう。

こういった事例からしても素読は衰退しつつも存続していたと考えるのが妥当であろう。

国語学習に大きな変化をもたらした敗戦

しかし、素読のみならず国語学習に大きな変化をもたらす決定的な節目をやがて迎えることとなる。敗戦である。支那事変が泥沼化し、やがて対英米戦へとわが国は進んでいくわけであるが、大東亜戦争とよばれるこの支那事変以降の一連の戦いは、わが国建国以来の敗北を喫して終焉を迎えることとなる。

建国以来……と表現したのは、歴史的に見てこれほどまでに大きな国力を投入し、多くの犠牲を生じた戦争はわが国には見当たらないからである。また敗戦後に約七年にも亘《わた》る戦勝国による占領を経たという点も神武肇《ちょうこく》国以来の出来事であった。この間に行われた諸改革についてはそれだけで何冊もの書籍が成立してしまうテーマであるので、国語教育に限って話を展開してみる。

戦後の国語教育の大まかな変化点は次のとおりである。
■古典学習の軽視、現代文学習の重視
■わが国のルーツを辿る記紀（『古事記』および『日本書紀』）を教育で用いない
■口文一致の強力な推進
■漢字総量の半減
■忠君愛国をテーマとする文章の排除

まず当たり前のこと（であるのにいまだに誤解されている面もあるが）を先に述べておくが、戦後教育の立脚点は「戦勝国の都合」にある。ここを忘れてはならない。実に分かりやすい事例を挙げたい。


連合国軍総司令部（いわゆるＧＨＱ）のマッカーサーが昭和二十一年一月四日に本国ワシントンの陸軍省に打電した電報の和訳である。

「日本の教育制度の再建は、占領行政の中で優先されるものである。推定千八百万人の生徒、四十万人の教師、四万の学校は、占領政策を全うするための道具である」

これが戦後教育の基点であることを私たち日本人はきちんと認識すべきだと思う。

敗戦後の戦勝国統治について「日本の民主化のため」とか「戦前の暗黒社会から日本を解放するため」と本気で思っている人は戦後七十年以上を経た今も少なからずいるわけだが、こう思わせている時点で占領政策は（もちろん戦勝国の尺度から見て）、成功である。

ここでは先の大戦についての意見や歴史観について披瀝することはやめておくが、わが国が英米を相手に三年半も戦いを継続したという点は事実である。逆の立場から見てみる。英米からしても大きな国力を投入した対日戦である。その甚大な犠牲があったにもかかわらず、英米は新しい植民地を得たわけではなく（あえて言えば日本という植民地を手に入れたか）、むしろ旧来の植民地を逸失するばかりのほとんど得るものがない戦争であった。英米からしても同様の戦争は二度と経験したくない国難であったわけだ。するといかに日本を弱体化して眠らせておくか……というのは、彼らが国益を確保する上での非常に大きな課題となる。

要は、そもそもが日本のため云々という意思など微塵もなく、彼らの都合によって行われた日本の弱体化策を「日本のために」という化粧を施して実施していただけである。戦後七十年を経て、化粧の下の実態について各方面から論じられるようになった占領政策であるが、未だに化粧のうわべだけを見て占領政策を有難がっている人がいるのは非常に滑稽かつ残念なことである。

子供にとって古典学習は苦痛なのか

さて、軌道をもとに戻す。古典学習の軽視という点について考えてみるが、平易な現代文が増え、わが国の古典が占める割合は低下した。多くの読者が古典は中学生以上で習うもの、と認識しているのではないかと思うが、古典はもともと初等教育から導入され、国語教育の中心に据えられていたものである。

(学習指導要領の改定で現在では小学一年生から古典を習う。また、教育特区制度で国語教育を充実させるカリキュラムや独自教科設定をしている自治体もあり、そこではかなり本格的な古典教育が小学一年生から始まっている)。

昭和二十二年の学習指導要領・中学国語編においては「古典からの解放」という文言が見られる。要は子供にとって古典学習は苦痛であるので、それを削減・撤廃する方向性でいこうじゃないか、ということである。ひょっとしたら読者の中には「そうだそうだ！古典をなくしてくれればよかったのに」と思った方もあるかもしれない。実際、現代日本においては「古典は楽しくない」「実社会で役に立たないので不要。いちいち学ばなくても良い」と考えている人は私の感覚だとかなりいると思われる。事実、私自身がずっとそう思っていた。

私は古典の学習に必要な要素は、幼年教育機関に在園している時期から小学校中学年くらいまでは素読を中心として発音を徹底することだと思っており、それ以上の学齢でも発音を排除せずに、同時にそこにあるいにしえの知恵であるとか、偉人の精神性や生き方であるとか、そこを感じさせることに重点を置いてほしいと思っている。また、現在を生きる私たちと歴史の不断のつながりを確認するものが古典でもある。

古典は「国語」という枠にとらわれず、国史の学びや道徳教育的な要素を強く持っているわけであり、むしろ「国語」という枠からはみ出し、広い分野のことを学ぶのが古典学習の楽しみと意義であると思う次第である。これは古典に限ったことではなく、現代文であっても国語の学びは総合教養講座の色彩が強いほうが良いと思われる。ただ単に字面を追ってその解説をされるだけの授業よりも奥が深くなる。

伝説の国語教師として知られる故・橋下武先生は灘中・高校の教師であり、中学校の三年間を費やして『銀の匙』という小説を扱う授業を展開していた。そこでは「横道にそれて学ぶ」ことが重視され、緻密に「横道にそれる」ための工夫が随所に施されていた。このことについては詳しく後述するのでここではここまでにするが、古典を単に子供たちの苦痛だとしてそこから解放しようなど、とんでもない浅薄な見識である。

実際に私たちが受けてきた古典の授業の多くは文法解説が中心であった。助動詞の活用を覚えなさいとか、係り結びの法則がどうのこうのとか。指導する側の教師自身が古典とは文法を解説する教科であると考えているのではないか、と思われるような授業をしている事例が多い。これでは古典嫌いを量産するために古典を扱っているようなものである。

先述のように古典軽視の方向性が明確に示されたのが昭和二十二年の学習指導要領・中学国語編であるが、GHQによる占領が昭和二十七年まで継続することを考えると、この方針は戦勝国の意向を強く反映していると言えるのではなかろうか。これは次に説明する自国のルーツを知るための古典がより強力に排除された点からもその目的が類推できる。

戦前の教育では、わが国のルーツを辿る記紀（『古事記』および『日本書紀』）を徹底して初等教育から教えた。国土の形成を含む神々の営みや、やがてわが国に王権が樹立していく流れが記されているわけであるが、戦後教育ではここは排除されている。自分たちのルーツを知られては困る、という戦勝国の思惑だ。

自分たちの土地や国の歴史を縦糸としてひとつの筋で学んでいくことは帰属意識を涵養《かんよう》することに大きく寄与する。今ではだいぶ減ってしまったが、日本の家屋には仏間があり、仏間にはご先祖様の写真が並んでいた。また、過去帳を見ることによっても自分に連なる多くの人々の存在を認識できた。今を生きている自分がどこかから突如として出現したのではなく、多くの御先祖様の血を受け継いで存在しているのだ、と思うと、命のリレーの先端を今自分が走っていることを意識でき、自分がその家の一員であると感じる帰属意識を持ち、自分の存在を尊いものとして感じられるようになる。そんな中、仏壇に手を合わせる。また、その時点においては先端を走っているようであっても、未来から見れば過去となり、いずれ自分もご先祖様の写真の列に並ぶことも想像に難くないことである。未来へと時代をつなぐ役割を持っていることも理解できよう。

仏間・仏壇の話をしたが、神道に「中今《なかいま》」という言葉がある。今を懸命に生きる、という意味、さらには「今」は過去と未来をつなぐ「中」であるという考えも内包しているといわれる。自分の存在は「個」として生じた無機的なものではなく、過去からつながり、未来へバトンを渡す中継者としての存在なのだ……こういったわが国の伝統的な意識は、ルーツを知り、帰属意識を持つことによって育つものである。

歴史も同じことである。連綿と続く自分たちの歴史を知ることで自分たちの地域や国を大事にしたいという思いが生じていく。根を張った人間として地域や国に対する責任感を持つことができるようになる。

神話から始まる肇国《ちょうこく》（建国）の物語を隠してしまっては、ルーツは辿れない。これは歴史教科書も同様のことであり、古代史においては記紀に基づく記述ではなく、考古学で描いている。歴史学は文献史学・民俗学・考古学から成立しているが、初等教育の歴史教科書は文献史学を採用して記述するのが世界の慣例である。文献に立脚して歴史を読み解く学問を文献史学という。考古学を初等教育の歴史教科書の記述に採用する事例は現時点で日本の教科書以外には知らない。

なお、考古学とは遺跡や発掘物を通して歴史を研究する学問のことである。戦後のわが国では国のおこりを考古学で描くために、石器だの土器だの古墳だのという話はやたら出てくるが「誰が何をどうした」という話は出てこない。「天照大神の子孫である神倭伊波礼《かむやまといわれ》毘古命《びこのみこと》は日向を出発し、苦難の旅路を経て奈良の橿原で建国を宣言し、神武天皇として即位して初代天皇となられた」という、たったそれだけのことさえ書かれていない。

私たちがよく知っている『八岐大蛇《やまたのおろち》』や『因幡の白兎』も『古事記』にその記載がある。要は独立した二つのストーリーではなく、『古事記』のストーリーの一部を切り取ったものである。よってこの二つのストーリーはつながっているわけだが、そのつながりを説明できる人はほとんどいない。『古事記』を学ばなくなったからである。記紀をベースとした文献史学を採用せず、建国の歴史を考古学で覆い被せて土器だの古墳だのと繰り返しているようでは、自分たちのルーツをいきいきと辿ることはできない。

それでも「古代史にも卑弥呼が登場するではないか」と言う方があるかもしれない。確かに卑弥呼は多くの子供たちが印象に残す古代史の人物であるが、中国や朝鮮の文献にその歴史書が見られるだけで記紀の中に卑弥呼の記載は一切ない。わが国の文献がない時代であればいざ知らず、記紀があるにもかかわらず外国の文献にのみ出てくる人物を採用するあたり、非常にいやらしい意図を感じざるを得ない。

文献史学と考古学は、相互を補完してより歴史を深く知ることにつながる学問であるが、考古学のみを先行させれば、わが国の成り立ちに関わった人やその思いは伝わらない。

ちなみに、わが国の歴史教科書において、考古学で描かれてきた内容は、時代の進行の中で唐突にわが国の文献に基づく文献史学に切り替わる。推古天皇や聖徳太子が登場する飛鳥時代以降がそうである。延々とナウマンゾウの骨だの、石器だの土器だの古墳だのという記述が考古学に基づいて進み、しかし、あるページをめくれば突如として推古天皇と聖徳太子の記載が出現するのである。推古天皇がなぜに帝位にあるのか。あたかも何かの偶然であるかのようである。初代天皇を記載していないのは、わが国のほとんどの教科書に見られる現実である。事実、歴史を学んだ小中学生に「初代天皇は？」と聞いてみるとかなりの確率で「推古天皇」と回答する。

そもそもなぜ帝位があるのか、また帝位はどのように継承されるのかという説明がほとんどないままに授業が進行していく。「王権の樹立と継承」について学ぶのは歴史学の中でも極めて重要な部分である。そこを記載しない、いや隠蔽した教科書の記載は極めて不適切と言わざるを得ない。

国語に話を戻す。記紀を学べば自分たちのルーツが分かるために土地への帰属意識が育ち、自分の土地を愛し、責任を持つようになる。古典を学べば民族が歴史の中で紡いできた知恵や心を感じることができ、また偉人の生き様を知ることもできる。古典を教育の場から排除するということは、そういった教育成果を生まないようにすることなのだ。

古典を教育の現場から遠ざける……その程度のことは何てことはない、と感じられる方もあるかもしれないが、実は大変に衝撃的かつ影響余波が甚大である施策なのである。しかもそれは負の影響なのである。

漢字を全廃してローマ字表記に⁉

口文一致の強力な推進と漢字総量の半減については、文字文化の変質・表記方法の変更であるので、素読を中心に据えている本著では詳細を述べないが概略だけ説明しておく。

口文一致というのは発音と文字表記を一致させるということで、先述のように明治期からその流れはあったわけだが、戦後にはこれがより強力に推進されることとなった。究極の口文一致は最近の若年層（女性が多い印象を受ける）が用いている。

次のような表記をご覧になったことはないだろうか。

「私わ、昨日パセーラえ買い物をしに行った」

助詞の「は」が「わ」と、「へ」が「え」と表記され、純粋に発音のままで文字化されている。

戦後の口文一致化の作業実例を挙げる。

私たちがどこか古めかしさを感じる「てふてふ（ちょうちょう）」「けふ（きょう）」「おはやう（おはよう）」「どうだらう（どうだろう）」「かうちやう（こうちょう）」のような表記は、いずれも戦後の日本において先述語句のうちの（　）内が正当表記とされた。しかし「私は」「広島へ」のような助詞は口文が一致しておらず、極めていい加減な状態のまま約七十年間が経過しているのが現実である。

続いて漢字に関する施策である。まず、戦前の日本人は日常的に三千～四千字の漢字を使用していたといわれている。例えば同じ昭和であっても、戦前の書物と戦後のそれでも表記の相違だけではなく、漢字の種類の多寡についても容易に気付くことができる。戦後のほうが圧倒的に使用されている漢字の種類が少ないのだ。これを数字で挙げると、戦前と比較して五十％程度に使用される漢字が減少していると考えて支障ない。

昭和二十一年十一月に内閣から漢字の使用種類を制限する目的で当用漢字表が告示された。ここには千八百五十字の漢字が掲載されているのだが、これを当用漢字と呼び、戦後社会で使用される漢字の範囲として機能した。この漢字の使用制限については詳細を後述するが、三千～四千字あった漢字を千八百五十字に制限する、という点が先に述べた五十％減少の根拠である。

当時の国語改革は最終的には漢字全廃、ローマ字表記の方向性へ進んでいるように類推することができる。ＧＨＱが招いた第一次アメリカ教育使節団が昭和二十一年三月末に第一次アメリカ教育使節団報告書を提出したのだが、そこにはローマ字使用の推進と学校教育における漢字の弊害が指摘されていた。こうなると非常に当時の政策の方向性が見えてきやすい。まずは漢字を半減させ、発音と表記を一致させ……となると、ローマ字表記への移行が進みやすくなるのである。

漢字を一気に全廃しなかったのは、まず戦後の混乱している社会が漢字全廃によりさらなる大混乱に陥る可能性が考えられたからであろう。そうなってしまうと占領政策の遂行にも支障を来たす。また、漢字の全廃には大きな反発も予想され、まずは半減させるというところから手を付けたのだと思われる。

当用漢字表は内閣からの告示……と記したが、敗戦後の占領期間にＧＨＱの意向で行った政策をあたかも日本人が自分の意志で行ったかのように見せかけ、私たちが介入したのではなく、日本人自身が自らの考えで行ったものなのである、というアリバイ作り程度のものであろうと私は推察している。

ただ、何でもＧＨＱのせいにしてしまう気はない。敗戦という大きな衝撃の中で、ＧＨＱによって仕組まれた部分が大であるとは言え、過剰なまでの戦前否定に走った日本人が少なからずあったのは事実であるし、それは戦勝国が新しい社会を構築していく戦後社会での処世術であったり、保身の方法であったりしたのかもしれない。

昭和二十一年十一月十二日、読売報知（現在の読売新聞）は「漢字を廃止せよ」と題した社説を掲載した。昭和二十一年九月十八日、朝日新聞は四十八時間の発禁処分をＧＨＱから受けている。よって同年九月十九日と二十日については朝日新聞の発行はない。処分の理由は原爆使用を戦争犯罪だと述べた衆議院議員・鳩山一郎のインタビュー記事を掲載したからである。この強烈なパンチのためだろうか。朝日新聞はまさに現在の朝日新聞となり、それ以前とはまったく違った論調を展開するようになる。GHQの遺産とでも呼ぶべきだろうか……。

時系列的に考えても読売報知の記事はGHQの意向にも沿っており、社の安泰を期したものである可能性も皆無だとは言えまい。

また、戦後の変革期に期待の念を抱き、かねて内に秘めていた願望を噴出させた場合もあろう。昭和二十一年、志賀直哉は雑誌『改造』の中で「国語問題」を発表し「日本語を廃止し、世界一美しい言語である仏語を採用しよう」という論説を掲載した。

こういった社会環境であったことも付言しておく。

このような戦後占領期の国語変革の実情は今となっては知っている人も少ないわけだが、この善悪可否について論じる以前に、まずは戦後の国語改編についてはその大まかな点を把握しておきたいものである。

素読を捨てた現代の国語教育

こういった地盤の上に戦後国語教育というものが確立していくこととなる。現代文にシフトした教科書は大変に平易な内容となり、文字表記も以前より簡単になった。そして、古典が激減したことの煽りを受け、古典を主たる題材としていた素読は、ついに公教育の中で事実上の絶滅に至るのである。

素読がなくなってしまった教育現場でも音読がなくなったわけではないが、文章の意味の理解に重点を置いたもので、素読ではなく朗読が中心に据えられた。発音によるインプットよりも意味を理解させることを重視したため、その年齢でも意味が分かるような平易な文章が教科書を覆うようになった。

現在、ある大手出版社の小学一年生の国語教科書（上）では、八ページ目くらいまでは完全な絵本であり、文字はまったく出てこない。やっと文字が出てきたらと思ったら平仮名四字「おはよう」である。ここまでくると「平易」では表現しきれないものを感じる。あまり辛辣な言葉は使用したくないが、愚民教育と表現されても仕方ない水準である。

私たちは言葉や文章の意味を重点的に教える戦後国語教育をひとつの標準形として認識している。小学校三年生以上くらいの国語授業（物語文を扱う場合）を思い出してほしい。多くの読者が次のような流れで国語の授業を受けたのではないだろうか。

■まずはじめに音読する。これが家での宿題として課されることもある
■意味の分からない言葉をチェックし、予め辞書で意味を調べておくよう指示を受ける

■あらすじを立てて内容によって場面分けをする
■場面ごとに内容をさらに深く読み、生徒それぞれ文章を読んで想像したことや感想を語り合う
■その単元の新出漢字について漢字ドリルなどで書き取り練習をする

順序の入れ替わりはあるかもしれないが、概《おおむ》ねこういうパターンが多いだろう。よってこれこそが国語の授業であると思っている方が多い。

また、指導する側の先生も自分たちがこういった教育を受けてきたために、この方法を踏襲して現場で教務にあたっている場合も多い。

長くなってしまったが、素読の栄枯盛衰と国語教育の変遷について述べた。

非常に高い効果が期待できる素読をわが国が捨ててしまったのは本当に残念なことであり、私個人は極めて微力しか尽くせないのであるが、次の国語教育史の一ページに「素読の復活と興隆」という文字を書き足したいと思っている。

第三章

国語力の重要性とその伸ばし方

語彙力はすべての国語力の基礎になる

国語力の重要性についてはその考えを否定する人はほとんどいないものと思われる。また国語力の伸育も重大な課題だととらえられている。よって今さら私が「国語は大事ですよ」と訳知りぶって説明するのは汗顔の至りであるが、分かりやすく系統立てて説明してみたいと思う。

国語力の重要性についてであるが、これは社会の各所でいわれていることである。会社では若い部下が作成した報告書を見て国語力のなさを嘆く。学習塾では講師が入試突破のための国語力の重要性を力説する。家庭では子供の友達が遊びにやってきた時にその友達の言葉遣いや語彙力が気になる。

誰もが国語力と向き合っているのである。それは人間が言語を使用する生き物であるという特性からして、至極当然のことなのであろう。しかし、その人の立場によって、国語力の重要性といってもその指している範囲は異なっているように思われる。

また、よく「うちの子は国語力がないから……」という保護者と接する機会があるが、国語力という言葉が指す範囲は大変に広く、国語力の改善に取り組むにあたっても国語力のうちのどの部分に現状で問題があるのか、という点を掘り下げて分析しておかねば、とんちんかんな対策をすることにもなりかねない。
　では、国語力の構成に関わるいくつかの事項を挙げてみる。

■語彙力
■定型文・名文の記憶
■受信能力
■発信能力

　まずは語彙力について。これは極めて単純な話だが、どれだけの単語がインプットできているか、ということである。無論、この数量が大であれば大であるほど、言葉での受信に際しても発信に際してもプラスに作用する。この語彙力はすべての国語力の基礎になるものであるから、ここを飛ばして読解力だの記述力だのを論ずることはできない。よく算数のテスト問題で、一問目を間違ってしまうとそこから先はすべて間違いになる、というパターンがあるが、語彙力というものはその「一問目」に相当する。

　しかし実に滑稽なことであるが、語彙力が調わないうちから読解力だの記述力だのと言っている例は非常に多い。というのは、（近年は一時期より緩和されたものの）大量の記憶をインプットしていく作業のことを「詰め込み教育だ」と非難する向きがあり、またその結果として「自由な発想や思考ができない人間を育ててしまう」という危惧の声を発する人も教育界も含め少数ではなかったからだ。しかし考えてみていただきたい。大量のデータベースがない頭脳が、高度な処理能力を発揮できるのだろうか。何か新しい思考を生むことができるのだろうか。

近年では学習指導要領の中に「発信力」という言葉が頻出するようになっている。ディベート能力の向上に関する言及もある。適切な段取りを踏み、適切な時期にこれを行うのであれば私も大賛成である。

わが国の外交についてはその発信力のなさや交渉力の欠如により、多くの国益を逸失してきたことは政治や外交に関心があまりない方でも感じておられるだろう。わが国の「言わなくても分かる」という考え方や、争い事はできるだけ回避し、事が起きればその非を自らの中に求める……という精神性は、「日本国内では」という前提付きであれば素晴らしい美徳であろう。こういう文化はしっかり受け継いでいきたいものである。

しかし、こういった考え方や精神性に共鳴するためには同じ文化的土壌を共有していることが絶対の前提である。よって外交交渉においては、日本的ではないもの、すなわち舌峰鋭い言葉の応酬を繰り返す場面や口角泡を飛ばすような修羅場を潜り抜けて立場を主張せねばならない。

わが国は久しく、外交において何もしないことや相手国の要求を従容と受け入れることを「大人の対応」という言葉で誤魔化してきたようなところを感じてしまう。これからの日本人には発信力やディベート能力を高めることは必須の課題である。

ただ、その前提は「発する言葉を持つこと」すなわち、語彙力が高いということなのである。発する言葉を自分のデータベースに持たない人間は、そもそも言葉の発しようがない。すると発信力だのディベート能力だのという類のものは、十分な語彙インプットが済んだ上で行うべきである。

話を聞く時のマナーであるとか、発話のテクニックであるとか、そういうものを指導して体裁を整えてマナーの面を向上させたとしても、発する言葉がないのではどうにもならない。例えば公式の場に出るにあたり、散髪をして鬚をそり、品のあるかばんを準備したとしても、Tシャツにジャージではどうにもならないのと同じである。順序が違いますよ、まずは正装を準備してくださいよ、と。

自由な発想にしても同様のことで、アウトプットできうるものは過去にインプットしたものの範囲内にしかない。過去に蓄積した言葉や経験、情報をインプットし、それらの組み合わせをアレンジしてアウトプットすることが自由な発想の実体ではなかろうか。中には神がかり的な人がいて、天の啓示などを受けて新しい考え方や芸術を創り出す場合があるかもしれないが、それは例外的な話である。

例えば、犬のイラストを描いてください、とお願いしてみる。個人個人でいろいろな犬のイラストを描くだろう。イラストを描く、というアウトプットの作業の際に用いられたものは過去のインプット情報である。具体的に言えば、過去に見た犬のイラストであったり、普段の生活の中で見ている隣家の飼い犬だったり、過去にインプットした情報がイラスト作成のベースになっているのである。もっと言えば、犬に関する基礎情報のインプットがないのに犬のイラストを描けたとしたら、それはもう私の知見を超えたところにいる人であり、霊能力者か何かとしか言いようがない。

大量のインプットのことを詰め込みと表現するのであれば、私は詰め込み教育に大賛成である。そんなことをしたら子供がかわいそうだ……という考え方のほうが子供にとって残酷なのである。十分な吸収力がある年齢のうちに大量のインプットをしてあげることは、将来高水準のアウトプットができる準備をしてあげることに通じる。

そもそも方法さえ工夫すれば言語の大量吸収ができる時期に大人が難解だと感じるような語彙をインプットすることはそれほど困難ではない。なぜなら「それは難解だ」という尺度は大人の基準によるものであり、子供の側には「難しい」という感覚はないのである。

私は青森県上北郡七戸町に所在する社会福祉法人天寿園会が経営する二つの認定こども園（榎林こども園およびチビッコるーむ）に出講しているのだが、ここでは単語の素読も取り入れている。紙に書いた四字熟語のカードを作る。例えば「天壌無窮《てんじょうむきゅう》」と書いた紙もあれば「乾坤一擲《けんこんいってき》」と書いた紙もある。現代日本では大人もほとんど読めないだろう。しかしそんなことはどうでも良い。次世代を担う子供たちにはより高度な言語能力を体得してほしいのだ。

そういういろいろな四字熟語を書いたカードをたくさん準備する。それを二才児から五才児の各クラスで掲げて見せつつ発音させる。「天壌無窮」というカードを出しては私が「てんじょうむきゅう！」と発音し、それを園児が鸚鵡返しに素読して「てんじょうむきゅう」と言う。一枚のカードを見せている時間は、私がお手本の発音をしている時間と園児がそれを素読している時間だけなので二秒程度である。ひとつの単語を読み終えるとまた別の四字熟語を発音し、素読させる。これを毎朝の授業で三回ずつ繰り返す日々が始まる。一日のうち、たった三回しか同じ単語を素読しないのである。四・五才児混成クラスでは始めてから三日目で「天壌無窮」のカードを掲げ、私が発音しなくてもカードを見て一瞬で「てんじょうむきゅう！」と発音できるようになった。三才児のクラスでは四日目で同様の現象が起きた。子供の恐るべき暗記力である。

ちなみに四・五才児混成クラスではクラスのだいたいが平仮名の読みができる状態、三才児クラスではまだ文字が読めない状況において実施した。幼児期においては文字を画像として認識しているので、私たちが絵画を見て「モナリザ！」と言っている感覚に近い。天壌無窮という文字も書けないし、意味も分からない。しかし、画像認識ではあっても発音とそれをつなげてインプットができたわけであり、素読の効果を説いている私からしてもその有為性を確認できる嬉しい事例であった。

なお、文字を提示してその発音を素読させて覚えさせ、続いてその文字（子供からすれば画像）を見た瞬間に子供に発音させる教育法を「フラッシュ」といい、幼年・初等教育に携わっている人であればその方法や効果を知っている場合がほとんどだ。また、これを導入している幼年教育機関は複数ある。

定型文・名文を記憶すれば文化的な素養が上がる

パソコンでワープロソフトなどを利用すると、誠に便利なことに季節の挨拶の定型句を教えてくれたり、状況に応じた挨拶文などを示してくれたりする。そういうものをパソコンに頼らずに肉筆でサラッと書けでもしたら大変素敵なことだと思う。

パソコンにできる仕事はパソコンにやらせておけば良い……という考えもあり、一面において私もそれに賛同するのだが、言語の分野に関しては自分の頭の中に入れて常時準備しておきたいと思う。これは語彙力と深く関連するものである。獲得した単語と単語を接続して文を構成し、それを定型句として認識し、自分の中に蓄積していく。場合によっては定型句や名文を先に暗唱してそれを分解して語彙として認識することもある。

民族の宝とも言える名文も蓄積していけば文化的な素養を上げていくことにもなる。例えば『平家物語』の冒頭部分の暗唱などは今でもよく行われているし、江戸時代の寺子屋では『実語教』と呼ばれる教科書で平安時代以来の古典を暗唱させる事例も多かった。今でも般若心経を丸暗記して発することができる人は少なからずいる。こういったものの蓄積は素養を高め、また意味も含めて理解できた折には自分の人生の道しるべとして、また感性を豊かにする栄養としても機能する。

名文をインプットしたところで、挨拶定型文のように日常で活用できる機会はほとんどないだろうし、よって言語など道具にすぎないという発想の人には理解していただけないだろうが、人の素養というものは必ずしも実用的・実利的な知識の上に生じるのではない。ぶっきらぼうな言い方をすれば、ムダ知識とも思えるものがその人から素養のオーラとしてにじみ出てくるのではなかろうか。確かにゆで卵の殻を上手にむく方法であるとか、シールをうまく剥がす方法であるとか、それは知っているに越したことはないのだが、どこで役に立つのか分からないような知識（もちろん名文も含む）は人の素養に深みを増す。そしてそういった知識は、適する時にアウトプットすることができ、その人の素養がかたちとなって輝くことがある。

私は鹿児島県の知覧（南九州市）にある知覧特攻平和会館や広島県江田島市の海上自衛隊第一術科学校（旧海軍兵学校）の教育参考館（史料館）において、特攻で散華された護国の御英霊の遺書を拝読したことがある。その内容に深く感銘し衝撃を覚えつつ、その文体の水準の高さにも驚嘆した。まず筆跡が非常に美しく、綴られている国語の格調もまるで文学者の水準なのである。そこで私がその御英霊の死没年齢を見ると、十代の後半や二十代の前半というものが多く、これにもまた驚愕させられたのである。ただ、各個の学歴を見ると特別に文学的な訓練を受けた形跡がないことも分かった。

こういった情報から考えられることは、その初等教育の過程においてかなり格式のある名文を暗唱しておられたのだろう、ということである。遺書の文中に出てきた文に関して私が何度も強く反応したところがある。それは明らかに古典の名文から引用した箇所である。多くの名文を暗唱（インプット）することによって、それらを組み合わせたり、部分的に抜粋したりして自分の言葉としてアウトプットを成立させておられたのだ。偉大なる「詰め込み」の効果である。

また、こういう事例も挙げてみたい。これは平成二十二年の頃、私が会社員をしつつ素読教室を土日に始めた頃であった。素読教室の会場として借りた部屋。そこに何本かのマジックを備えたホワイトボードがあった。素読教室の終了後、参加した小学生（確か当時二年生くらいであった）がホワイトボードにマジックを使って落書きをしている。いや、よく観察すると何か文字を書き連ねている。何を書くのだろうかと興味が湧いたので私はその児童が書く様子をそのまま眺めた。自作の勧善懲悪の物語を綴っていた。いろいろと悪さをはたらく鬼が征伐された、という結末だったのだが、その児童は締めくくりにこう書いた。

「たいじしたおにをねんごろにとむらいました」

懇ろに弔う……という表現を小学校低学年の児童が使ったことに驚き、なぜ知っているのかを聞いたところ「何かで読んだと思う」と言っていた。この児童はこの時点において「懇ろに弔う」の意味は理解していなかった。ただし、これが何かが死んだ後のシーンで用いられる定型文であることは確実に理解していて、よってこの言葉を適する場所に記したのである。これだけでも非常に大きな教育成果であると思う。

また、類似の事例の締めくくりとして次の文章を挙げたい。

『致知』という雑誌に平成十五年に亡くなった保育園長の吉田良次先生の生い立ちと教育論法、その園で育った園児が葬儀の席で述べたお別れの言葉について掲載されていた。次にそれを引用する。

吉田良次さんは兵庫・伊丹の農家の後継ぎに生まれた。安岡正篤師に出会ったのは昭和二十四年、十八歳の時である。「自分の人生は一介の農民としてこのまま終わっていいのか」その煩悶が師の門を叩かせたのである。

以来、吉田さんは農業に勤しむかたわら安岡師に親炙し、古今の聖賢の教えを学ぶ道に入った。吉田さんの非凡な点は、その学びをわが身のみに止めなかったところにある。自分が培ったものを少しでも後世にと、自宅の納屋を改築し、「丹養塾幼児園」という保育園を開設、古典の徹底した素読教育を実践したのである。

二歳から六歳まで、園児は常時二十人ほど。吉田さんは自分が感動をもって学んだ古典

の言葉をそのまま教えた。子どもたちの一日は、朝三十分の「勤行」から始まる。「禊祓詞」「修証義第四章・発願利生」「般若心経」それに本居宣長などの「和歌」三輪執斎の「憤」などを唱和するのである。意味を教えたりはしない。解説を加えることもない。吉田さんが先頭に立ってとにかく朗誦する。子どもたちが後について和する。この繰り返しが驚くべき力を発揮した。一年もしないうちにどの子も古今の名言をすらすら朗誦するようになったのだ。それだけではない。新しく入ってきた子は上の子に倣って朗誦するようになる。そして、漢字まじりの原文を読み、書き、意味を理解するようになっていくのだ。

平成十五年十一月二十日、吉田さんは亡くなられた。葬儀では園児を代表して六歳の吉田歩未ちゃんが「お別れの言葉」を読んだ。その原文がある。筆跡は六歳児らしくたどたどしい。だが、漢字仮名まじりで書かれたその文章は、誰に教えられたものでもない。紛れもなく六歳の子どもが自分で考え、自分の手で書いたものなのだ。そのまま引用する。

お別れの言葉

園長先生、歩未の声が聞こえますか。二歳十ヶ月の時、丹養塾幼稚園に入園してから、漢字、算盤、諺、俳句、花園文庫、伝記、少年日本史朗誦選集など、園長先生には沢山のことを教へて頂きました。毎日一所懸命勉強して南宋の文天祥の正氣歌を暗誦できるやうになった時も、算盤の大会でトロフィーを貰って来た時も、園長先生はとても喜んで褒めて下さいました。

それから園長先生は色々な所に連れて行って下さいました。北海道巡歴研修でクラーク博士の像の前で「青年と大志」を朗誦した事、青森駅のデパートの軒先で野宿をした事、北陸巡歴研修で永平寺で座禅をした事、橋本左内の銅像の前で啓發録を読んだ事、沢山の楽しい思ひ出があります。他にも、親子教室甲山の遠足、運動会、お餅搗き、立志集、卒園式、小音楽会、桃太郎の劇など園長先生に教えて頂いた素晴らしい思ひ出が沢山出来ました。

これから園長先生は天国へ行って、私たちのことを見守っていて下さい。私たちは、園長先生に教へ頂いたことをいつまでも忘れず深くさぐって強く引き出す人になります。天から受けたものを天にむくゆる人になります。そして、この世に役立つ人になります。園長先生、ありがとうございました。

平成十五年十一月二十三日　　　園児代表　吉田　歩未

六才児がこれほどの言葉を自分で考え、文章にできるということに驚かれたであろう。まさに吉田園長の教育の賜物である。

さて、このお別れの言葉の中に「深くさぐって強く引き出す人」「天から受けたものを天にむくゆる人」「この世に役立つ」とあるが、これは高村光太郎の『少年に与ふ』の一節に同文の箇所があり、吉田歩未さんはここから引用したと類推される。高村光太郎の詩を暗唱し、また意味と接続できていたからこそ、この格調高いお別れの言葉に感動的なまでの決意表明を添えることができたわけだ。吉田歩未さんが、暗唱した言葉を自分の道しるべとして、わずか六才の時点で深く落とし込んでいたことが分かるだろう。

多くの現代日本人が考える六才児の言語水準や精神性の設定からすれば「園長先生のことをずっとわすれず、これからもがんばります。では、さようなら」程度ではないだろうか。実際、このような格調高く感動的なお別れの言葉を二十才でも、いや三十才でも書けないのではないか。いや私にも書けないだろう。

ただ暗唱しているだけだと意味がない、という人は多々あるが、まず発音だけでもインプットできれば上々である。さらに、わずか六才にして発音と意味とをリンクさせて体得し、それを誓いの言葉として発することまでできた。これだけの成果を示してなお暗唱に意味がないと言うのであれば、もはや私はそういった考え方の人に説明の労力をかけるに及ばない。

豊かな語彙力がなければ「受信能力」は向上しない

続いて受信能力について説明したい。読んで字のごとく、自分の外界に存在する情報や自分に向けられた発信を的確にインプットする能力のことを受信能力という。理解力とほぼ同義であるが、音声によって届いた情報であれば聴取力といい、文字によって伝えられたものであれば読解力という。

素読を遠ざけた教育の残念な結果によって、語彙力が不足し、定型文や名文のインプットも足りない状況にある。またそれだけではない。「分かりやすく伝える工夫」として絵や効果音、動画など、いろいろな手段が活用されるようになった。教科書を開けばそれが分かりやすいのだが、カラー刷りになっていて絵や写真がふんだんに挿入されている。また、インターネットの検索窓にキーワードを入れたものも掲載されており、インターネットによる学習へと結びつける工夫もある。

技術の革新や伝え方の多様化の中で、いろいろな方法で情報が伝えられることを否定するものではないし、むしろ歓迎する側面も多々ある。しかし、人間の受信能力という点に絞って考えると、いろいろな分かりやすい手段を使えば使うほどそれは伸育しない。むしろ退化する。

仕事柄、自分は教材や教具を自動車に積んで各地に移動することが多いのだが、目的地はナビゲーションシステムに入力して、後は完全に機械任せである。地図を読んで自分で道筋をたどることはなくなり、効率的なルートを自分で探す努力もしなくなった。もちろん、地図を読みつつ自分でルートを設定していた時間を省けるという恩恵により、その時間を別のことに充てることができるようになり、ナビゲーションシステムの案内通りに進んでいたほうが運転に専念できるので、より安全であることも確かだ。

しかし地図を読む能力は明らかに退化し、ナビゲーションシステムが搭載されていない自動車に乗った時の不安感は尋常ではない。

言葉の話に戻す。より分かりやすい情報伝達の手段に慣れてしまうと、言葉だけで伝達されるという状況になった時に受信能力が相対的に低下するのは仕方ない面がある。しかし、できるだけそれを高く保っておく必要はあるだろう。

広島市内の難関私立中学校の授業の様子を録画で拝見したことがあるが、驚くほど速いスピードで展開される授業に圧倒された。大量の板書が書いては消され、消されては書かれ、という繰り返しの状態が続き、文字で受け取らねばならない情報量は多大であり、また教師が口頭で付加する解説の量も多く、大人でもすべて聞き取って理解するのは大変であろうと思われた。しかし、その中学校の生徒はそれらに対して高い受信能力を発揮してきちんと落とし込んでいるのだ。高度な受信能力というのはいわゆる「地頭の良さ」を構成する非常に重要な要素なのである。

ここで説明しておきたいのは、受信の際には、予め自分の中にインプットが済んでいる言語とつなげることによって受信が果たせるということである。外的情報と内的蓄積の照合作業が絶えず受信の際には必要とされているのであり、しつこいようだが、やはりインプット量の多寡が受信能力に大きな影響を及ぼしているのである。

例として次の文章を読んでみてほしい。中学校以上の水準の国史（日本史）授業だと思って読んでほしい。

「織田信長は永禄十二年、これは西暦で申しますと一五六九年となるわけですが、この年に京都でルイス・フロイスとの面会を果たすわけです。ルイス・フロイスはイエズス会の宣教師として日本に滞在していたのですが、当時の仏教界の在り方に辟易していた信長の

信任を得て畿内でのカトリック布教許可を得たのでした。
私はここで『カトリック』と表現しましたが、私たち日本人はカトリックもプロテスタントもみんなキリスト教ということにしてまとめていますね。しかし『カトリック』と『プロテスタント』はお互いを悪魔と認識していたのであり、セットにしてキリスト教だなんて認識をすると当時の世界の動きは見えてこないのですよ。実際当時の日本人はカトリックとプロテスタントの熾烈な戦いを知っておりました。私たちはサラッと『南蛮人』という表現を用いてこれが西洋人全般を指す言葉であるかのように思っている人もいるでしょうが、南蛮人というのはカトリック国の国民を指している言葉であるわけです。そしてプロテスタント国の国民は紅毛人と呼んではっきり区別していたのがその頃の日本人なのですね。ですから、イギリス人は紅毛人と呼び、スペイン人は南蛮人と呼んだのです。では、ケルペテート人はどう表現したかというと、これはカトリック国でありますので、南蛮人と呼んでいたのです。」

ある一ヶ所を除き、順調に受信できたのではないかと思う。それは読者各位がすでにこの説明を短時間で処理できるだけの語彙力を有していたからに他ならない。「織田信長」「西暦」「京都」「ルイス・フロイス」「イエズス会」「宣教師」などなどの語彙が予めインプットされているので、この説明を音声言語で聴いても文字言語で読んでも、自分の中にすでにある語彙とつなげることができたのである。

ただ「ケルペテート人」という部分は、発音として受信しても意味とリンクできなかったのではなかろうか。ケルペテート人というのは私が勝手に作った言葉で、そんな国も民族も存在しない。意地悪をして申し訳ないことであったが、説明のための方便であるのでご勘弁願いたい。

豊富な語彙力が円滑な受信を成立させるということは分かっていただけただろう。分からない言葉があるとその部分で「?」となって一旦受信が止まってしまうのだ。よって受信能力の向上は豊かな語彙に裏打ちされているのであり、語彙力は低いのだが受信能力が高いなどということはないのである。

受信能力とリンクする「先を予想する力」

素読とは直接的に関係しない部分になるが、受信能力と強く関わっているのが、今受信している情報がこの先にどう展開していくだろうか、という予想ができる力なのである。携帯電話などでメールを打つ時に予測入力機能があり、携帯電話が次にあなたはこういう言葉を入力するのではないですか、と候補となる単語を表示してくる。この機能と似た部分を人間も備えることができ、それが受信能力とリンクしているのだ。

ここでは物語を読み進めているという事例を挙げて説明したい。よって受信能力の中でも「読解力」ということになる。文字言語から上がってくる情報を理解しつつ、さらに文章を次へ次へと読み進めていく。この際、年齢によっても違うのだが、まだ読んでいない次の段階がどんなふうに展開していくかを自分で予想しつつ読んでいる。

春に桜が咲き誇っている場面を読めば、次にはお花見のシーンがあるのではないか、その次には散りゆく桜を惜しむ人が登場するのではないか、と予想していく。またその桜の木の近くに川があれば、花筏が美しく描写されるのではないかとも予想するかもしれない。そして予想の精度が高まれば高まるほど読解のスピードは上がり、読解力も上がる。予想が外れた場合でも当たった場合でも、その情報はストックされて次回以降の予測の際のデータとなる。

このデータ蓄積が多ければ多いほど予想精度が高まり、読解力にプラスの作用を及ぼす。未知の領域がデータ蓄積とともに減少していき、その物語を読み進める中で自分の体験に投影して、より深く物語の内容を汲み取ることができるようになるからだ。

ここから先は私が進学塾の国語専任社員として勤務していた時代の小学六年生の実例を挙げる。中学入試も近づき、広島市内の私立中学校の問題傾向に慣れさせるために各校の過去問題を演習していた時のこと。国語の過去問題に次のようなあらすじの文章が採用されていて、その読解問題が設定されていた。

「ある田舎町での話。農夫が二人の息子を育てた。兄が大きくなった際にオートバイが欲しいと言い出したので、オートバイを買い与えた。しかし、兄はそのオートバイで事故に遭い、死亡してしまう。死んでから時を経ても父親が立ち直れない状態で遺品も生前のままにしている状態であり、弟は父親の心痛をよく理解していた。ある時、父親は野に出て兄の遺品を焼却した。それは兄の死から立ち直れない自分の心に節目を付けるための行動であるように見えた」

この物語文に関して次のような設問があった。

設問「兄の死後しばらくして父親が焼却していたものは何ですか」

答えはもちろん「兄の遺品」である。まったく難問ではない。しかし「兄の死体」と解答を書いた児童が数名いた。こういう簡単な問題を落としてはいけない、遺品を焼いたと書いてあるではないか、と言うと、「いや、人が死んだら、その後にすることは死体を焼くことだ」と返ってきた。

この事例においては、受信能力と強く関わっている「先を予想する力」が発揮されていることに相違ないのだが、この場合はマイナスに発揮されてしまったのである。

何が言いたいかというと、まだ人生経験が少ない子供にとっては、先を読むといってもその能力が低く、時として短絡を生じて文章を正確に読み取れなくなる場合があるということである。

そしてこの事例は実に重大な示唆を与えてくれている。人生経験の多寡が先読み能力に大きな影響を及ぼしているということだ。一般的には成績評価も入学試験も同一学齢の範囲でこれを行う。しかし、小学一年生が満六才で入学してくるとは言っても、四月生まれは入学直後に七才を迎え、三月生まれは二年生への進級直前に七歳を迎える。「同一学齢(学年)」という括りをするから分かりにくくなるのであるが、年齢が一才違うのである。六才と七才を比較した場合、七才児は六才児よりも約十五%長く生きていることになる。

このことは保育園など幼児を預かる場合であればさらに分かりやすく、四才児は三才児よりも二十五％ほど長く生きている。二十五％も差があれば体格も能力も大きく違う。よって子育て経験のある方であればお分かりいただけると思うが、三月生まれは諸々が遅い、体操も勉強も不利……というのは顕著なことである。

ここで話を小学生に戻すと、小学生でも三月生まれと四月生まれの体格差は感じられるが、学力面についてはは国語において特にその差が出やすい。中学入試を迎える六年生では十二才か十三才かという相違であるので、約八％生きた時間が違う。これは大きな差である。生きた時間という表現を使用したが、これを改めて表現してみると人生経験の量ということにもなり、同じ小学六年生であっても三月生まれは四月生まれよりも約八％人生経験の量に差があるのだ。

このことは国語の学力としてテストの得点に如実に出てくる。全体的な傾向として四月生まれのほうがテストの点数が高い。国語のテストの場合、配点の大部分は読解力、すなわち受信能力を問うものである。受信能力を支える先読み能力もここで問われることとなる。スマホの予測変換の機能を先述したが、当然これはスマホにいろいろな文例や連なりがちな単語がインプットされているからである。学習機能付きの入力支援の仕組みも今や常識になりつつあるが、これも使用者がいろいろな入力をすることを通じて事例の蓄積を増やしているからこそ達成できる仕組みである。

人は長く生きれば生きるほどいろいろな経験を積む。冠婚葬祭も多く経験するであろうし、そこで抱く感情についても自分の体験として蓄積される。それと文章を照らし合わせて「次はこういうシーンがくるだろう」「主人公は今こういう気持ちだろう」と考えながら読み、自分の予想と合致する記述があれば「分かる分かる、その気持ち分かるよ」と文章と共感していくことができる。しかし、人生経験が少ないと「こういうことがあるものかね」「こういう気持ちになるのかな、分からないや」となり、必然的に体感を伴った受信をすることは困難になる。

先ほどの過去問題演習の話に戻そう。人生経験の蓄積が少ない場合は「人が死んだ」という状況を読み取り、先を予想して「人が死んだら次は死体を火葬するものだ」という状況を描き、結果として遺品を焼却していると明確に記述してあるのに「あっ、焼いている！人が死んだ後だから死体を焼いているんだな」という短絡を起こして誤答に至ってしまったのである。人生経験が増えれば「死ぬ」→「火葬する」という構図も変化し、「死ぬ」→「嘆く」→「通夜」→「語らう」→「葬儀・告別式」「悲しみの再来」→「火葬する」という流れがより細かく分かるようになるであろう。過去問題の事例で言えば、父親が自分の買ってやったオートバイで息子が事故に遭って自責の念を抱いているであろうことや、この突然の悲劇に対して時を経ても遺品の整理ができない心情であるとか、それらがやがて理解できるようになる。そして繰り返しになるが、これには人生経験の蓄積とリンクしている「生きている時間の長さ」が大きな要素になるのである。

実際、中学生くらいの子供を持つ保護者であれば子供のテスト問題のうち、数学と国語を説いてみてほしい。数学については「これ、どうやって解くんだったっけ……」というところがあるかもしれないが、国語の読解分野はほぼ満点となるであろう。人生経験の蓄積がものをいったという次第だ。

しかし、三月生まれの子供はいつも不利なのか、国語ができないと決まっているのか、というとそうではない。全体的な傾向がそうであるというだけで、国語が冴えない四月生まれの子供もいれば、国語が得意な三月生まれもいる。たとえ長い時間を生きていても、ずっと部屋に籠ってほとんど会話もしないような、ゲームばかりをしてきた四月生まれと、大人とも話をする機会が多く、山で遊び、町で学び、という日々を重ねてきた三月生まれでは状況が逆転する。よって三月生まれであっても、生きている時間が短いというハンデを解消できないわけではないということを知っていただきたい。また、読書や映画鑑賞などの追体験・疑似体験で実経験の少なさを補填することもできるのである。

人生経験（疑似体験・追体験も含む）の多寡が、（受信能力と強く関わっている）先読み能力に大きく影響を与えていることがお分かりいただけたと思う。

中学入試の決め手は国語

さて、これまた広島市内の私立中学校の話。その学校は一般的な四教科型入試（算数・国語・理科・社会）を実施していたのだが、情報受容力調査テストを追加して導入して、この得点も合否判定に利用することにしたのである。このテストは概ね放送を主として進められ、「聴取力」の水準を問う内容で構成されている。

当時、自分は広島市内の中学入試専門の進学塾で国語専任社員として勤務していたこともあり、この中学校の先生から情報受容力調査テストの導入趣旨について説明を聞かせていただいたことがある。このテストを導入する前に、生徒の聴取力の低下が懸念材料になっていたそうなのだ。同じことを何度も聞き返したり、言うだけだと分からないから板書してくれと言ったりする生徒が増加傾向にあった、と。

よって学校としては一般的な公立中学校よりも高い水準設定の授業をしている以上、そのペースについてくることができる生徒を募集したいという考えがあり、情報受容力調査テストを導入することによって、受信能力の高い生徒を欲しているという学校の姿勢を訴える目的が大であるとのことであった。

本章の冒頭部分に「学習塾では講師が入試突破のための国語力の重要性を力説する」と述べたが、これを「国語のテストで高得点を得るための国語力」と解釈した方もあると思う。もちろんそのことも含んでいる。

よってそう解釈した場合は、より深く読解（受信）し、より正確に記述（発信）する能力が必要であるということになるのだが、ここではあえて受信能力に絞り、また国語以外の教科への波及作用について述べておきたい。

今から三十年くらいの前の話。中学入試に関わる塾の先生方の多くは「合否の決め手は算数だ」と言っていた。しかしここ十五年くらいは「合否の決め手は国語である」と訴える先生が激増している。国語力の低下、就中《なかんずく》受信能力の低下が顕著となったからである。発信能力はどうか……という話は後述するが、正確な受信能力によって得た情報をもとに、論理的にそれを整理して落とし込み、自分の中のデータベースと照らし合わせて発信するという手順を辿る以上、発信能力は優れているが受信能力は劣っているというケースは基本的にはない。

国語が中学入試の決め手というのは、言葉をきちんと受信する能力がない場合、あらゆる教科によろしくない影響が出てしまう、という意味である場合が多い。例えば、算数において式が組み立て済みであり、後は計算するだけという問題はできるのだが、文章題になるとその文章が何を聞いているのか理解できず、したがって式も組み立てられないという状況が出現してしまう。算数に限ったことではなく、理科でも社会でも何をどう答えていいのか分からない、という状況が出現し始めたのである。

もちろん、こういう状況はずっと以前からあったわけであるが、受信能力の低下によって顕著になってきたというのが実情である。

何を聞いているのか分からない、というだけではなく、どう答えれば良いのか分からない、という場合もある。テストなどでは解答を記入するにあたってのいろいろな条件が提示されていることがある。分かりやすいものであれば記述問題における文字数制限。あとは使用語句の指定。記号で解答する問題であれば、正しいものを選択せよという指定。また複数の記号が正解となる場合は記号を五十音順に並べて書け、というような条件である。

ひとつ例を示してみよう。

問一　輪中での生活に見られる工夫について、次のア～オの選択肢の中より正しいものを

選び、答えなさい。ただし、解答は複数ある場合もあり、正しい選択肢がない場合もある。正しい選択肢がない場合は力と答えなさい。また、輪中が見られる地域は愛知県西部や三重県北部、岐阜県南部を流れる三本の河川の下流域である。その三本の河川のうち、木曽川と長良川以外の河川の名前を「……川」につながるように平仮名二字で書きなさい。

読んでいただいて分かるようにいろいろな条件設定がされている。ただ、この程度の条件設定は中学入試では当たり前に見られるレベルである。記号選択で正しい記述を求められているのだが、どうも正しい選択肢が見つからない。しかし正しい選択肢がひとつはあるはずだから、何となくではあるが正解らしきものを無理やり選んでしまおう……という生徒は必ず出現する。「正しい選択肢がない場合は力と答えなさい」という部分をきちんと受信していないのだ。

また、輪中が存在する木曽三川のうち、揖斐川を解答せねばならないのだが、問題に「……川」につながるように二字で、とあるので解答欄には「□□川」とあるはずだ。その□□に「揖斐」と記入すればこれは不正解である。平仮名二字で書かねばならないので。

自分は入試を必要とする中学校に勤務していたことはないので適当なことは言えないが、解答する際の条件をいろいろと設定するというのも生徒選抜の一環なのではなかろうかと感じる。もちろん、いろいろな条件をクリアするように解答を書かせることで採点がしやすくなるという先生側の都合もあるのだが、正確な受信能力を期するならば、できるだけ条件は複雑にしておくほうがチェックしやすいというものだ。

あと、この社会には人を騙すことで利益を得ている人が存在するのも実情であり、それを詐欺であるとか悪徳商法であるとか呼称しているわけだが、何か重大な真実を秘匿して契約を結ばせて暴利を得るだけではなく、重大な事実を特にきちんと説明せずに分厚い契約書の中に小さな文字で書くなどして、契約相手の受信能力の隙を突くようにする場合も多々ある。もちろん悪意ある手口ではあるが、説明していないのかと言えばそうではない。受信側の責任も皆無ではないのだ。

受信能力を稼働させるエネルギーとは

テストの問題を解くにあたっても悪徳商法への対抗力をつけるにあたっても受信能力は極めて重要であるわけだが、もっと重要なことがある。それは自学自習をする際の受信能力だ。教科書や参考書を用いるので読解力ということになる（インターネットでは動画を盛り込んだ学習サイトもあり、必ずしも文字のみから受信するわけではないが)。

要は自分一人で学習を進める際にはより受信能力を高めておく必要がある。先生がいれば、生徒の反応や表情を確認しつつ理解度を把握して授業をしてくれるわけだが、相手が参考書では自分の受信力を高めておく以外に方法はない。そして受信能力のすべてに共通するのだが、受信しようという意思があって初めて成立するのがインプットであり、受信する意思が薄い、あるいは皆無であるという場合は処置のしようがない。

そして受信能力を成り立たせる重要な要素に文字言語の読解力、音声言語の聴取力があるわけだが、受信しよう、という意思がなければ読解力も聴取力も役に立たない。意思もないのに次々と受信が成立するのであれば、これほど楽なことはない。

どんなに優秀な家電製品でも電気がない環境ではどうにもならないのとまったく同じである。受信能力においてはそれを稼動させるエネルギーが非常に重要になってくるのであり、それが学習意欲とか好奇心、感性の豊かさという部類のものであろう。

なぜ人は学ぶのか、ということも素読によって幼い頃から意識できるようになるので、学習意欲の向上に資するのだが、これは後述する。

物事への関心を高めることによって学習意欲の端緒をつけること、これは第一章のその四でも説明している。一度素読をして単語の発音だけでもインプットしていれば、再度この言葉に出会った時に強い関心を寄せるという内容である。これは「なぜ人は学ぶのか」というテーマと比較するとそれほど奥深くないものではあるが、それでも受信したい、という動機付けには極めて有効に作用する。感性を豊かにすることにも素読は関わるのだが、これもまた後述する。

受信能力について述べてきた。またそれを有効に機能させる「受信したい」というエネルギーの必要性についても述べた。受信能力はそれを稼動させるエネルギーを伴うことで成立しているので、広義のとらえ方をすれば「知りたい・学びたい・詳しく確認しておきたい」という受信能力を稼動させるエネルギー（意欲であるとか能動性と表現できる）も含めて受信能力と呼ぶのが妥当である。広義の受信能力が内包する「意欲・能動性」の部分については詳しく後述する。

昨今、説明責任という言葉が頻繁に用いられるようになった。企業に対して、地方公共団体に対して、政府に対して、いろいろな相手に対してさまざまな状況で用いられる。しかし私個人の感じ方ではあるが、この言葉に違和感を持つ場合も以前より格段に増えた。ごく平易な説明であっても分からないとごねたり、文書に丁寧に書いているにもかかわらず読もうともせずに「伝える工夫が足りない」と文句を言ったり。こうなってくると説明責任の問題ではなく、受信側の受信能力の問題ではなかろうか。

あえて説明責任の対義語を創作するとすれば、理解責任という言葉になるであろうか。例えば「政治家が説明責任を果たしていない」という時、では有権者として情報を探して理解しようとしているのか（広義の受信能力における意欲・能動性の部分）という点も問われてしかるべきではないか。

「説明責任を果たしていない」と批判された政治家が例えば地方議員だったとして、その町が抱えている課題やその対策案、自分の議員としての活動報告などを掲載した文書をその地方公共団体の区域内に全戸配布する。ブログでも発信する。ユーチューブで動画でも発信する。街頭演説で伝える。実にいろいろなチャンネルで発信している議員も少なくない。それでも「説明責任が足りない」と言われてしまうそうだ。

こういう場合は受信能力というよりは情報収集力でもあり、あるいはその基底部分に「そもそも情報を集めようとする意思があるのか」という疑問さえある。先述した意欲・能動性に関わる部分である。情報を集めようという意欲、それを理解するためにきちんと咀嚼する能動的な姿勢、こういったものをすべて含めて広義の受信能力となる。それがないにもかかわらず、説明責任が足りないというのは責任転嫁も甚だしく、有権者の怠慢と言っても支障ないと思われる。

果ては何度文章を配布し、対面して何度語り掛けようとも「分からない」「説明がなっていない」というパターンもある。この場合は、自分と異なる思想信条については聞かないことにして「説明が足りない！」と叫ぶパターンであるので、本著にて論じる国語力の範囲を逸脱しているため、ここでは紙幅を割かない。

基盤ができてこそ成立する「発信能力」

続いて国語力の構成要素のうちの発信能力について考えてみたい。発信能力に至るまでの段階ですでに多層的に国語力構成要素が重なっている状態である。語彙力から始まり、定型文・名文の記憶に至り、続いて受信能力に至る。従って発信能力というのはその多重的基盤がまっとうに成立していて初めて機能するものである。

例えば作文を書いたり、書類作成したり、テストにおける論述問題に対応するなどの場合に記述力というものが引き合いに出されるが、もちろんこれも発信能力を構成する大きな要素である。

進学塾の入試対策講座であったり、カルチャースクールの文章力向上セミナーであったり、この記述力の向上を謳う講座は多々ある。受信能力以前の段階の土台部分がきちんと構築されているという前提のもとに、後は記述力のスキルアップだけを果たせばよい状況になっていれば、こういった講座は有効であると思うが、それ以前の段階が欠けているのに記述力ばかりを伸ばそうとするのは実に滑稽なことであり、豆腐を礎石として家を建てようとしているようなものである。

記述力との双璧をなす発信能力はスピーチ力である。文字言語での発信能力を記述力といい、音声言語での発信能力をスピーチ力といっているだけなので、両者それぞれをうまく機能させるための表面的なスキルについては「書く」「話す」という手段の違いに応じて差異が生じるが、基底部分にある発信能力に必要な要素は共通している。

すなわち、インプット済みの語彙や文章を論理的に組み立てて言葉に過不足がないように仕上げて自分の外に出す、という作業のことである。

ただ、発信能力というものはその前段階における国語力が絶対に必要なのかというと必ずしもそうではない。高度な発信能力を求めなければ、多くの語彙蓄積を必要としない。また、子供が泣くことによって自分の状況を知らせるという発信の場合は、そもそもそこに言語が介在していない。単語単体の発信であれば論理的な文章を構築するという作業はもとより不要である。だから私は受信能力以前が完璧になるまでは何も発信するなと言っているわけではない。そもそも素読自体が語彙蓄積のために、発語者本人が自分に対して発信しているインプットのための特殊なスピーチであると言うこともできる。従って語彙力が貧弱であっても進んで音声言語を発信して語彙力を上げることをむしろ推奨しているわけだが、しかしそれは「人に何かを論理的に伝えることができる」という状態には遠く及ばないものであり、単語単体を発信する場合と同様に、論理性は要求されない。

ここで述べておきたいのは、中高生程度の学齢にまでなって単語単体の発信で人に何か伝えようとする水準のままでいる生徒が存在することである。これは極めて幼児的な発信であり、国語教育の失敗事例と言わざるを得ない。その程度の発信しかできない理由は、まず周囲がそういった水準の発信を許容し、理解するために発信者に歩み寄り過ぎたということであろう。それで周囲との意思疎通に支障がなければ、単語を接続して論理性が成立している文を構築せねばならないという必要性自体を感じなくなるだろう。

想像してみてほしい。低学年の小学生が授業参観のお知らせのプリントを学校で配布され、先生がその内容を児童に説明して保護者にその案内プリントを渡し、自分自身でも説明するようにと呼びかけたとする。ここで事例Aと事例Bを挙げる。

●事例A

児童「ただいま」
保護者「おかえりなさい」
児童「プリント」
保護者「何か案内のプリントをもらったのね。何のお知らせかな」
児童「授業参観」
保護者「参観日はいつなの？」
児童「来月の三日」
保護者「何の教科が参観できるの」
児童「図画工作」
保護者「参観日の後に何か別の行事があるのかな」
児童「保護者会」
保護者「案内プリントを見せなさい。ふむふむ、参観する保護者も図画工作の授業に参加するのね。油性マジックを何色か持参せねばならないのね。あと牛乳パックも各自持参するのね。保護者会には教頭先生もいらっしゃるそうだわ」

●事例B

児童「ただいま」
保護者「おかえりなさい」
児童「来月三日に図面工作の授業参観があるよ。今日はそのお知らせのプリントを持って帰ったよ」
保護者「まぁ、そうなのね。お母さんにもう少し詳しく教えてくれるかしら。プリントは後でちゃんと読むから、○○ちゃんから説明してほしいなぁ」
児童「分かった！　あのね、今回の参観日ではおうちの人と一緒に牛乳パックで小物入れを作るんだ。牛乳パックはみんなが自分で持っていくことになっているよ」
保護者「それは楽しそうね！」
児童「うん。あとね、油性マジックね」
保護者「うーん、油性マジックをどうすればいいのか、どこで使うのか教えてくれないとお母さんは分からないよ」
児童「牛乳パックで作る小物入れに色を塗るんだ。そのための油性マジックを何色かおうちで準備してほしいって先生が言っていた」
保護者「それは楽しそうね！　案内はそれだけかな」

児童「参観日の後の時間に保護者会があるんだって。教頭先生も参加するそうだよ」
保護者「分かりやすく上手に説明してくれてありがとう。では案内のプリントを見せてね」

事例Aと事例Bの間には単語だけで物事を伝えようとしているか、文を構築して複数の情報を系統立てて並べているかという違いがあり、また保護者が単語での発信を許しているか、あるいは論理性のある発信を引き出そうとしているか、という違いもあった。

事例Aのような環境は児童にとっては楽である。保護者が何でも推察してくれ、自分は単語さえ発していれば内容は伝わるのだから。しかし発信能力の向上は望むべくもない。児童がその必要に迫られていないからだ。

事例Bの場合は保護者が上手に児童の発信能力を高めるための有効な問いかけをし、自分が先回りしていろいろな情報を理解してしまわないようにしていた。実際は事例Aのような保護者のほうが圧倒的に多い。教育的な指導ができないから……という理由ではない。事例Bのように児童から引き出す会話をするというのは大変にもどかしく、時としてイライラするような事態に陥ることがあるからだ。

当たり前の話だが、種をまき、うまく栽培して結実するのであり、何もしなければ残念な状態に留まる。

先日、三十才代の方と広島市内で打ち合わせをする約束があった。待ち合わせ時間の六十分前くらいに電話があった。

先方「残業になりました」
松田「えっと、では打ち合わせの時間を遅らせますか？」
先方「今、尾道です」（広島市と尾道市は約八十ｋｍの距離がある）
松田「尾道で仕事中なのですか？　何時くらいに終わる予定ですか？　自動車ですよね？」
先方「仕事は今治でした。残業が入り、今やっと尾道まで帰ってきたところです」
松田「えっと自動車で山陽道（高速道路）を進んでいるのですか？」
先方「はい」
松田「では、打ち合わせのスタート時間を九十分くらい遅らせますか？」
先方「今、食べています」
松田「は？　夕食中ですか？」
先方「はい、八幡パーキングエリアで」
松田「……。どうしますか？　打ち合わせは後日に変更しますか」
先方「はい」

非常に疲れた。先方は著しく発信能力を欠いていた。こういった事務的なやり取りでさえ、必要な事項をうまくつなげて話ができないというのは致命的だ。こういった相手と商取引をしたいと思うだろうか。

実社会において、無理なく意思疎通ができる状況を作ることは非常に重要であり、そのためには個人個人の受信能力・発信能力が相互に一定の水準に達していることが必須である。無論、すべての人間が押し並べて同じ言語水準に達することは現実的には不可能であり、よって「話をしていて通じなくてイライラする」または「この人の言うことは難しくて何を言っているのかさっぱり分からない」という状況が出現すれば、その相手との付き合いをやめるだろう。

となると、実社会では同一言語水準にある人同士が付き合いを深める傾向が非常に強くなる。これは経験的に実感しておられる方も多いと思われる。言語水準は往々にして知識水準と強くリンクしている。言語水準が低いということは、知的水準が高くない層との交流が多くなり、結果として知的好奇心を触発させるような機会に巡り合う頻度も低下させてしまうこととなる。もし自身の知的水準を上げたいのなら、また、子供が高い知的水準を保持するようにしたいのなら、その第一歩はまず「言語水準を向上させること」なのである。

発信能力を高める家庭での教育

粘り強く（保護者側に）忍耐を要するような家庭教育は必ず結実する。

自分が出講している広島市東区の安芸みのる幼稚園では、素読を通じた語彙インプットの充実と同時に、発信能力の高い園児の育成に成功している。例えば、園児が用事のために職員室にやってくる。他園では職員室のドアの外から園児がじっーと先生のほうを眺めて先生が気付いてくれるのを待っていたり、あるいは「ねぇねぇ」と発して先生を呼んだりしている風景がある。しかし安芸みのる幼稚園の園児はそうではない。私が目撃したのは年中さんの様子であった。

まず大きな声で「失礼します！」と挨拶。続いて「○○組のA田B子です」と名乗る。その後に要件を陳べる「お弁当を食べる箸を忘れてしまったので割り箸をください！」と。もちろん幼稚園児が自動的にこういった作法や発信能力を身に付けることはないので、同園の教育成果の賜物であると言えよう。惜しむらくは小学校では職員室に入る際にここまでの作法が徹底されないケースが多々あり、また単語単体の発話でも先生が理解してしまうことがあるので、幼稚園でせっかくこの水準まで育てても、結局は就学後に指導前の状態に戻ってしまうことが往々にしてあるということだ。

これは素読で古典を読む場合もそうなのだが「まだ子供なんだからそんなに難しいものを読まなくていいじゃない」とか「まだ幼いんだから、そこまで躾を徹底しなくてもいいだろう」とかいう意見が出る。では小学校六年生になって絵本しか読めないという状態はどうかと問うと「それはまずい」となる。社会人になって上司に業務進行の状況が説明できないような状況は許容できるかというと、そんなことはないと言う。

子供が成長していき、やがて大人となる。要は一人の人間が徐々に幼心を脱ぎ捨てて大人になっていくのである。子供と大人の境界がはっきりしていて、ある日朝起きたら大人になっていました、なんてことはないのだ。完全変態を遂げる昆虫のように、さっきまでは幼虫でしたが、さなぎになりまして、さなぎから出てくる時はもう成虫になっています、という変化は人間にはない。

しかし「子供らしさ」を素晴らしい状態だととらえて、いつまでもその枠内に留めようとする考えの親がいる。ただ単に統率がとれていない騒がしい学級を「子供らしさがあっていいでしょう」と誇る先生もいる。まったくナンセンスである。

発信能力についても同じことで、たどたどしい物言いを「子供らしくて良い」とし、論理的できちんと相手に伝わる構成の発信を「不自然に大人びていて違和感がある」として否定的に見る向きがある。こういった大人が設定した手前勝手な「子供らしさ」の枠の中で能力を制限されてしまう子供の身になってみてほしい。そしてその失敗に気付く時、多くの場合子供はもう修正不可能な年齢になっているのである。

人間はだいたい三才くらいになると論理的思考ができるようになるといわれている。すると高度な発信能力が得られるように、三才くらいから生活に密着したことがらについてはきちんとしたスピーチ力を育てるようにするのが良いと思われる。またそれは十分に達成可能である目標なのである。何も特別な講座を受講しようと言っているわけではなく、家庭教育の範囲でできることである。また保護者が特殊な教育技能を体得する必要もない。時としてわざと物分かりが悪いフリをしてみたり、またある時はうまく筋道が立つように誘導してあげたりという程度で良いのである。

ここで述べたのはあくまで日常会話が円滑に成立するレベルの発信能力のことであるが、それがより高度な発信能力を求められた際の下地になるのである。ただし、文字数の多い作文であるとか、弁論という水準であるとかについてその水準を達成するためのトレーニングともなると、より多くの語彙の蓄積が必要であり、よって小学校中学年以上で取り組むのが適齢だと思われる。

以上、国語力を細分してそれぞれの特性について述べてきたが、高い水準の国語力を育むことは次の事項を満たしていくことと直結していく。

■知的関心を高める
■豊かな感性を育む
■コミュニケーション能力を高める
■自己管理能力を高める
■文化の継承者としての高い水準を確保する

これについては第五章「素読で広がる可能性」で詳説したい。

第四章

適時教育

幼児期における言語教育は非常識だらけ

「適時教育」とは読んで字のごとく、適する時に適する内容・水準の教育を施すことである。何を今さら当たり前のことを言っているんだとお叱りを受けそうであるが、素読教育にはこの概念が非常に重要であり、また素読教育に限らず、育児・教育においては常時必須の考え方である。しかし今、この適時教育が崩れている。よって適しない時期に適しない内容・水準のものを与えてしまっている現状がある。

例えば、早く大きくなってほしいから栄養のあるものを、ということで赤ちゃんの口にステーキを押し込んで食べさせようとする親はいないし、また、中学生の主たる栄養摂取源としてミルクを設定する親もいない。しかし教育の世界ではそれが崩壊している面が否定できない。

そもそも親になるのに特別な資格試験を経て、合格したから親になるという段階を経るものではない。子供を授かれば親となるのである。選挙で当選して議員になるとか、教員採用試験に合格して教師になるとか、そういったものとは性格が異なる。では、誰でも親として相応しい状態に自然になっていくのかというとそうではない。ただ、かつての日本の家族の構造では「自然に」と表現すると語弊があろうが、最低限の資質を備えた親になりやすい環境があったのだ。

　端的に言うと大家族が多かった。祖父母との同居は当たり前であったし、親の兄弟や従兄弟と同居しているケースも珍しくはない。また、五人の兄弟がいる、といってもそれほど珍しくなかった。また、兄弟が増えれば増えるほど親はすべての子供に手が回らないので、兄姉が弟妹の世話をみることも多かった。兄弟が多ければ、兄弟間の年齢差も大きく、十五才の姉が一才の弟を世話するというのも不思議なことではなかった。わが国にはこういった時代が長くあったのだ。

　こういった環境がなぜ親となる資質を与えるかというと、熟練した育児者のお手本を見つつ育児体験ができるからである。もちろん、遊びに行きたいのに妹の世話をさせられただとか、家事に手伝いに明け暮れて自由な時間などなかったという話も聞くのではあるが、生活そのものが育児修行であった側面が強い。

　いざ自分の子供を授かった時に、それが第一子であっても親として即戦力として育児にあたることができるのである。首が座らない赤ちゃんをどう抱くか、おむつはどうやって替えるか、急な発熱をどう分析してどう対応するのか、ぐずる原因は何であるか、などなど、経験してきたことが自分の育児で生かせるのである。

また、何ヶ月くらいではこういうことがある、何才くらいからこうなる、という成長度合いも知っているし、それぞれの段階でどういう育児をするのかということも既知である。

翻って核家族化が進み、子供の頃から育児経験をする機会はほとんどない現代日本。親として具備すべき資質はどちらが得やすいか、説明するまでもないだろう。発達段階に応じた育児については『「親学」の教科書～親が育つ子どもが育つ～』（ＰＨＰ親学研究会）に詳説があるので、興味がある方はぜひ読んでもらいたい。特に乳幼児を育てている保護者には強くお勧めする。

ここで適時教育を絡めた言語教育の話をしてみたい。語彙習得と文字表記習得に関して述べたいと思う。

言語教育においては初等段階で平易な現代文が与えられ、その意味の解説に重きが置かれるようになっている現実は既述であるが、これこそ言語の適時教育に適っていないのである。文字表記においては幼年ではまず平仮名から、というのが常識となっているが、これまた大変な非常識である。

まず、言葉の発音と意味を同時に覚えるのは発達段階を誤ってとらえている。古典を後回しにしてきたことも誤りである（学習指導要領の改定により、現在では小学一年生から古典が導入されている。実に大きな進歩、というか当たり前の回復であり喜ばしいことである）。また、文字表記において幼年時に漢字を与えないのは幼児の認識力を間違ってとらえている。

では、はじめに発音と意味を同時に教えることについて。

最新の脳科学の研究によると、生後二日目からすでに言語を認識しようという脳の働きが見られるということが解明されているそうだ。大脳にあるウェルニッケ野という部分が言語の認識を司るのであるが、生後二日目には人の語り掛けに際してこのウェルニッケ野への血流増加が見られるという。すなわち、生後二日目から言語認識が始まっているわけだ。また、同様に生後二日目に母国語と外国語を聞かせたところ、母国語のほうが外国語と比較して血流量増加が顕著に見られたという。これは母胎内においてすでに言語認識が始まっている可能性を示唆している。私たちが考えているより言語認識は早期に始まっているようだ。

素読においては発音することが重要であるのだが、しかし、発音しないでただ聞いているだけでもプラスになる事例は経験上から得ている。「門前の小僧習わぬ経を読む」の諺のとおり、音に慣れているということは発語にあたって大きなプラスに作用する。

しかし、戦後国語教育は「意味の理解」に重点を置いてきたために家庭にもその考えは波及している。ある保育士から聞くところによると、無言でおむつを替える、無言で授乳する（ひどい場合はスマホを操作しつつ授乳している）という母親が増えているそうだ。推察するにその根底には「どうせ話し掛けたところで意味が分からないのだし」という意識があるのではなかろうか。確かにそうなのであるが、愛情を持って表情豊かに赤ちゃんに語り掛けてあげることの大事さが忘れられているのは悲しいことだ。

また、言語はまず音声でインプットされるので、無言空間というのはそれだけでインプットの機会を逸していることになる。意味は後から理解する。せっかちな人は「では音声インプットからどの程度の時間を経て意味を理解するのか」と聞いてきそうだが、そんなことは誰にも分からない。音声としてインプットしても一生意味を理解しない言葉もあるかもしれないし、二十年後か十年後か、来月なのか来週なのかも分からない。ただ、辞書を引かずとも気付けば体得しているという場合がほとんどである。

繰り返しになるが、確実に言えるのは、音声インプットが先であるということである。また、胎内においてそれが始まっている可能性が示唆されていることである。よって言語における適時教育というのは発音を優先すること、またいわゆる胎教のコンテンツとして言葉を多く発してあげること（語り掛けてあげること）が挙げられる。

また、音声でインプットとする以上は意味を理解する難しさというのはないわけで、現代文であろうと古典であろうと構わないのであり、むしろ大きくなって「古典は難しいらしい」という概念を誰かに植えつけられる前に古典に触れさせておきたいものである。

次に文字表記習得の話をしたい。文字表記習得については国語力に関する第三章の内容において割愛しているのでここで説明する。

江戸時代の寺子屋において「読み・書き・そろばん」がその教務の中心であったが、書き、文字の習得については「手習い」と呼ばれ、「往来物《おうらいもの》」と呼ばれる当時の初等教育用の教科書を手本として文字を書く練習をした。「往来物」という呼称は多くの種類に及ぶ教科書の総称であり、その内容は多岐に及ぶ。

表記については現代の小学一年生の教科書のように平仮名ばかり、というものはなく、漢文体で書かれている読み仮名のないもの（いわゆる白文）、漢文体にレ点や一二点、送り仮名や助詞などの読解補助の工夫が挿入されたもの（読み仮名があるものとないものがある）、すでに書き下された状態のもの、最初から仮名交じりの和文体であるもの、などいろいろなパターンがある。ただし、漢字が中心をなしているという点に関してはすべて共通している。

では、江戸時代の子供は最初から漢字を習得でき、現代の子供はそれが無理であるから平仮名のみから始めるのか、というとそうではない。そういった能力差の問題ではなく、子供の文字習得の段階を的確に把握し、適時教育ができているかどうかの違いである。江戸時代の寺子屋のほうが適時教育を施していたと言えよう。

もちろん江戸時代は公文書がすべて漢字表記の時代であるので、現代の日本と同列に対比することはできず、必要に迫られているかどうか、という相違があるのも確かであり、またパソコンもなく、よって当然ワープロソフトもないわけであって、すべて自力で書かねばならない時代と現代では状況が違う。

しかし、江戸時代の手習いに学ぶ部分は大きく、当時そのままを現代に移植せずとも、様式を変更してそのエッセンスを導入した文字教育を推進すべきであると考える。また、読み・書きとセットで表現されることが多いものの、「読み」を先行させて「書き」は後から、という段階を経るのが望ましい。

読み方を習得させる段階では、文字を文字だと思っている必要さえ皆無である。例えば三才児にキリンの写真を見せて「キリン！」と発音することができるのと同様、三才児でも「山」という漢字を見せて「やま！」と、「山河」という熟語を見せて「さんが！」と、「山紫水明」という四字熟語を見せて「さんしすいめい！」と発音することはまったく難しくないことである。私の実践から語れば二才半くらいでも可能である。その年齢というのは文字を画像認識しているので、そもそも「平仮名」「片仮名」「真名（漢字）」の区別もなく、また区別を覚えさせる必要もないのである。

現代の学齢でいうと小学校に入学する前の未就学の段階、その時点で大量の漢字や熟語を「読み」だけではあるが習得することは可能である。幼年教育機関では園児の氏名がすべて平仮名で書かれている場合も多く、漢字で書く場合も読み仮名付きとしていることが多々ある。

一方、漢字表記・読み仮名なしで書いている園もある。私は適時教育の考え方に照らすと最後に紹介した例が最も良い事例であると考える。漢字のみで読み仮名もなく園児氏名を表記している園に行ってみると「本当に読めるのだろうか」と考えてしまうのが現代日本人なのであるが、実際に園児は難なく読んでいる。同じクラスの園児たちの名前も漢字のみの表記ですべて読めてしまう。

要は指導する側にこの本来の能力を引き出す気があるかどうかということになってくると思う。ただ、幼年には平仮名を、という戦後国語教育の定番にどっぷり浸かってしまうと園児の能力は平仮名認識が限界だと思い込んでしまうのだ。

本著の読者の中に幼年教育に従事する方がいれば、ぜひ園児の氏名は漢字で表記し、自分と同じクラスの園児の名前を漢字でも読めるように指導してあげてほしい。実践してみればそれほど時間もかからず、あっけなく指導が済んでしまうので拍子抜けされるであろう。なお、漢字表記での読みの習得はフラッシュを用いる方法がお勧めである。フラッシュについては第六章にて述べる。

素読がまずは「発音」することを主としているのと同様、文字習得ではまず「読み」なのである。素読で発音をインプットした後に言葉の「意味」とリンクさせれば良いのと同様に、文字習得でも「書き」は読みの後で良く、それが発達段階に即した適時文字教育の方法である。

学年別漢字配当表のマイナス作用

「書き」のことについてであるが、書くためには「形を描く力」が必須である。クレヨンを手に取ってぐるぐるとなぐり描きにしている状態から徐々に進歩し、概ね三才では美しい形ではなくとも丸が描けるようになったり、縦線と横線を組み合わせた十字状・柵状の形が描けるようになったりしていく。およそ四才児になる頃には四角形が描け、さらに五才児では三角形も描けるようになる。こういった前段を経て、文字を書くという作業が成立する。

このような図面描画の能力は単体で発達するものではなく、体操や粘土遊び、はさみを使用した形づくり、折り紙、あやとり、楽器演奏、影絵遊びなど、体躯や手指を使うものを通じてその能力が裏打ちされるのである。よって、そういった段階を経ていないのに文字が書けるようにすることばかりに執心するのは悪しき早期教育であると言える。

さて、いざ「書き」の教育が始まるに及んで五十音順に並んだ平仮名を、続いて片仮名を、そして各学年に配当された漢字（文部科学省の学習指導要領の別表にて示してある「学年別漢字配当表」に記されている）をその学年で学んでいく。なお、六年次までに一〇二六字が配当されており、一年次に八〇字、二年次に一六〇字……というように学年別の配当がある。この「学年別漢字配当表」が時としてマイナスの作用を生じさせるのである。

確かに教える側からすればこの学年ではこれを教える、という目安があるのは便利なのであるが、教わる側にいったいどれほどの利点があるのだろうか。学年別漢字配当表についてはあくまで目安として存在させ、在籍学年に配当されていない漢字であってもどんどん学ばせて良いと思う。学年別漢字配当表を異様なまでに神格化して「その学年に配当されている漢字以外は使用してはならない」のような指導をする教師は実在する。それもかなりの数そういう教師がいることを確認している。そういった教師の指導のもとに「混ぜ書き」と呼ばれる表記が生まれやすい。例えば「自転車」という表記。「転」の字は小学三年生に配当されている漢字であるという理由で小学二年生には「自てん車」と書かせてしまう。「転」の字をその児童が書けたとしても、である。「自転車」と書いた児童に「自てん車」と修正するように命じる教師もいる。

自分の氏名に関しても同様のことである。例として私の氏名である「松田雄一」を使って説明する。小学一年に「田」と「一」が配当されているのでその時点では「まつ田ゆう一」と表記し、「松」が小学四年に配当されているのでその段階では「松田ゆう一」と表記する。「雄」はといえば、中学校での履修漢字（中学校において学年別配当はなく、中学校での三年間を通じて一一三〇字を履修する、という設定）となっているので、「松田雄一」は実に十三才までを「松田ゆう一」で過ごすことになってしまう。幸いなことに自分は小学校時代に「松田ゆう一」を強制する教師に遭遇せずに済んだのであるが、児童がせっかく自分の名前をすべて漢字で書けるようになっても「この字は習っていないから平仮名で書くように」と指示する教師は今なお存在する。

これはごく最近、私の身近で起きた実例である。子供（小学校中学年）がフルネームをすべて漢字で書けるようになったので、大変喜んで学校でそれを使用したところ、教師から「この字とこの字は平仮名で書くように」と指摘を受けたという。保護者がこれはおかしいと思って先生の指導の趣旨を聞きに行くと「まだ習っていない漢字を書かれてしまうとお友達がお子さんの名前を読めなくなるので……」という回答であったそうだ。

まったくナンセンス極まりない。子供の努力の結果を挫いたばかりか、友達が読めないから困るという言い訳。読めなくて困るのならば、読めるように指導すれば済むことである。一クラスの人数も少なくなっている今、クラス全員の氏名を漢字・読み仮名なしで読めるようにすることなど平易なことである。先述のようにすでにそれを達成している幼年教育機関もあるのだ。

きつい表現になってしまうが、教育者としてこんなことをして恥ずかしくないのだろうか。児童の資質を伸ばすことではなく制約しているのである。例えば月間一千万円の売り上げノルマを課されている営業職の社員が、ある月に一千五百万円を売り上げたとして、その社員に対して「君、困るんだよね。売上は一千万円以下にしてくれよ。ノルマもそう定めているだろう」と言う営業課長はいるだろうか。もしも（ありえないことだとは思うが）実在するならば、その部下は営業活動に意欲を燃やすことができるはずがなかろう。

こういった教育は「教えたことだけできれば良い」「一定の範囲内に収まっていれば良い」という性質を持っており、これは教わる側には「教えられたことしか分かりません」

という考え方を定着させてしまう。いざ社会に出てしまえば、懇切丁寧に仕事内容を説明してくれる職場は僅少である。知らないことであっても、できないことであっても「なぜ知らないのだ」「どうしてできないのだ」という指摘を受けることがむしろ普通である。自ら向上心を持って研鑽に努めることが当然であるのが実社会である。学校では習ったことだけできていれば良い、社会に出れば自ら求めて知識や技術を習得せよ、となる。この点の乖離を教育者としてどう説明するのか。

学年別漢字配当表のことに話を戻すが、小学校学習指導要領では平成二十年度に学年別漢字配当表の扱い方について改訂がなされている。在籍学年よりも上の学年に配当されている漢字や学年別漢字配当表以外の常用漢字についても、必要に応じて読み仮名を用いるなどして児童が読む機会を多く持つようにする、という内容が盛り込まれたのであり、適時教育の考えに照らすと非常に好ましい変化を遂げたと私は考える。

実は平成十一年度版の小学校学習指導要領でも改訂があり、その際には、必要に応じて在籍学年以上に配当されている漢字をその学年において指導することもできる、となっていたのである。どうやら現場の教師の中にこの平成十一年以降の改訂の流れ・方向性を理解していない人がいるのであろう。

なお、教育上の問題として混ぜ書きのことを挙げたが、実社会でも混ぜ書きは増加傾向にある。「隠ぺい」「皮ふ」「失そう」「破たん」などは新聞などでもご覧になったことがあるのではないだろうか。それぞれ「隠蔽」「皮膚」「失踪」「破綻」と書いて何か支障があるだろうか。読めなければ教えれば良いのであるし、事実、教えればすぐに読めるようになる水準のものである。より簡単に……という親切心は、より言語のレベルを下げる方向で作用し、もっと平易にしようという流れの中で、スパイラル的に状況は悪化していくであろう。大人が言語の水準にもっと敏感になることは非常に重要なことである。

漢字の習得については、既存の書き取り学習に加えて、かつての寺子屋が往来物を手本として手習いをしていたように、知っておきたい名文をある程度の長さに区切り、それを視写（書き写しのこと）させてみるのも良いと思う。小学一年生で毎日五十字程度、小学六年生では四百字程度の視写をノルマとする。この場合、視写の対象となる文章の原典にあるがままの漢字を用いて視写する。学年別漢字配当表は無視するのである。書くことを通じて手で漢字を覚え、また良い表現事例を体得できるという利点がある。これこそ生きた学習だと思う。

まずは画像として文字をとらえれば、漢字に親しむことは容易であり（そもそもこれは漢字だという概念もない）、続いて視写によって文中に使用されている文字としての漢字を意識する。そこから正確に書けるようにする。こういう方法こそ楽しく効率よく漢字が学べる方法だと言えるだろう。

素読について論じるのが本著の中心であるので、文字習得に関することについてはこの程度に留めておくが、先にも書いたように戦前の御英霊の遺書の筆跡の美しさや漢字力などを考えた時、当時の教育水準の高さがうかがえる。実は素読にも、習っていない漢字への習得抵抗感を減らす効果があるのだが、それは後ほどご説明したいと思う。

現在の教育がどうしてかつてのわが国ほど子供の資質を高めることができていないのか、という点については具体的な教育手法や教える側の意識も含めて再考されるべきであると考える。

未就学期は言語に対して非常に高い関心と吸収力を示す時期

以上、語彙習得と文字表記習得を中心に言語に関する適時教育について述べてみた。適時教育の概念を失った教育には、単純な言い方をすれば「簡単すぎるものを与えてしまう」「難しすぎるものを与えてしまう」の二通りがあるが、戦後の言語教育に関しては圧倒的に前者へ傾斜していると言えよう。

語彙習得に関しては家庭での実例を、文字表記習得に関しては幼年教育機関や小学校教育現場での事例を挙げてみたが、文字習得に関しても家庭教育で導入できる部分も含めて書いたので、幼年教育機関・小学校に対して「早くより良い適時教育でもっと優秀な子供を育ててくれ」と注文をつけるより、まずは家庭でできることについて導入・実践してみていただきたい。

ただ、政治的な決断を伴わねばならない大きな変革も必要であると思われる。いわゆる戦後国語教育も七十年を経過し、それを受けた世代も三〜四世代目に入っている段階である。よって、今ある国語教育は祖父母世代から、あるいはそれ以前からのかたちであり、これこそが標準形であるという概念が染みついている。

学校のカリキュラム編成や教師の指導方法についてもそうである。もちろん、絶えず研鑽を積まれ、より良い教務に邁進している教師が多々あるのを承知している。そういった方々の中には音声インプットの重要性を意識され、語彙力を増すための取り組みを授業で導入されている事例も知っている。しかし、それでも一部の教師は低学年に黙読を勧めたり、多くの教師はひたすら言葉の意味と文章の内容解説に時間を費やしたりしている。

また、幼年教育機関でも、言語に対して非常に高い関心と吸収力を示す未就学期に、ただお遊戯をするとか、平易な歌を歌わせるとかいう接し方をしている場合も多い。こちらもそれが「当たり前の方法」として標準となっているからであろう。ただ、幼年教育機関に関しては私立のものが多く、また現在それは増加傾向にある。公設民営というかたちも生まれているが、これも民間運営という点では私立と見て解釈したい。

私立が多い、と書いたが地方自治体によっての傾向の相違もあり、お住まいの地域の実情とは違うかもしれないが、幼稚園のデータを挙げると、全国的に見た場合は園数においては「私立：公立＝２：１」であり、また園児数にすると「私立：公立＝５：１」となる。待機児童解消のかけ声のもとに各地で増加している保育園も、その増加したものはほとんど私立である。

私は、民は優れていて官はよろしくない、というわが国に一時流行した思潮には同調できないし、官に任せるべきこと・官のほうが優れていることも多々あると考えている。ただ、幼年教育については概して私立のほうがいろいろな教育コンテンツを導入し、より優れた教育を園児に行おうという意欲を持ち、それを実行しているところが多いと感じる。

学習塾は民間経営であるので私立と表現することもできようが、学習塾の場合は成績向上や志望校合格といった役割を果たさねば淘汰されてしまうので、生徒獲得のために学業において良い結果を出すことが求められているし、それを強く自覚している。

私立の幼年教育機関も同様である。少子化の流れが顕著であるこの時代、園の存続が死活問題となっているところは（例外もあるのだが）多々ある。良質な保育、優秀な教育をせねば未来はないのである。事実、すでに少子化の煽りを受けて閉園する園も少なくない状況である。となれば、何か良い教育コンテンツを導入し、選ばれる園にならねばならないのであり、昨日と同じことを継続していても未来が暗いのである。そういった危機感やそれに対抗するため具体的なアクションについては私立の園のほうが公立の園をリードしている場合が多い。

そういう状況の中、適時教育の考えに立脚して「園児に取り組ませてためになる教育」について真剣に考え、より良いものを導入している園は多く、素読の導入についても以前よりはるかに高い関心を示す私立の園が多い。私も素読を導入したい意向のいくつかの園でそのお手伝いをしている状況である。

素読に限らず、より良い運動能力を育てるための体操や水泳、優れた音感を育てるために工夫された音楽教育、数学的概念を育てるためのプログラム……などなど、そのコンテンツはいろいろな分野に及ぶ。また、少子化の危機感に煽られずとも、園児が潜在的に持っている能力を引き出すための教育を三十年前から、あるいは五十年前から行ってきた私立の園も多々ある。

「のびのび」育てることは子供にとって幸せなのか

こういった園を「英才教育を行う特殊なところ」だとか「軍隊のように統制をとって何でも園児に詰め込んでいる園」と表現する方があるが、非常に残念なものの見方である。園児の潜在能力を効率的に引き出している園という見方はできないものか。また、将来必要な知識や体力の基礎をしっかり作ってくれている園という評価をなぜしないのか。

こういう批判をする方は「うちの子はもっと自然にのびのび育ってほしいのです」とよく言うのだが、児童の能力を考えれば、しっかりインプットできる時期にそれを行うことこそ自然である。

また、いろいろな教育コンテンツを導入している園がのびのびしていないというわけではない。実際にそういう園に行って「軍隊のような教育」の実態を見てみるが良い。園児のほとんどは笑顔である。先ほど「遊びの中にも学びの要素を入れて」と書いたが、逆に「学びの中にも遊びの要素」があり、そもそも園児は学びと遊びを区分しているわけではないので、楽しくて学びになることを実践できている園に在園している園児は本当に幸せである。

翻ってのびのびしているだけの園はどうか。放心したような園児が多い。特に保育園に顕著であるが、もとより「保育」が中心であるために、身体的な面で元気健康に預かった子供を育てるという役割が果たせればまずひとつの任務を果たせていることにはなる。現場に出入りしているのでよく分かるが、保育士はこれを行うだけでも実に大変な働きをせねばならない。しかし、ただ見ているだけで子供を自然状態にしておけば、それは「幼児飼育場」である。また、幼稚園でも終日お遊戯ばかりのようなところがあるが、当然その水準までしか育たない。歌を歌うにしても『どんぐりころころ』くらいの水準ばかり教える園と、また他方『冬景色』や『大楠公の歌』までの水準を歌わせる園では、どちらが言葉の力が伸ばせるだろうか。

のびのびさせるのは勝手だが、その結果として自宅で延々とのびのび続けるニートになっても良いのだろうか。その点を考えてみてほしい。「子供らしさ」という言葉に酔って、あるいはそれを至上の価値として三十になっても四十になっても「子供らしさ全開の大人」になっても良いのか。まさに三つ子の魂百までである。大人が勝手に思い描く「のびのびしている、子供らしい子供」の像に押し込まれて伸びしろを潰される子供の身になってほしいものである。

私はのびのびさせるなと言っているわけではない。大人が好むような「のびのびした子供」に当てはめることが危険であること、また本当の「のびのび」とは何かを真面目に考えること、この二点を訴えたいのである。後者について説明を付加する。幼児を育てている保護者から「のびのび育ってほしい」という言葉はかなりの確率で発される。もちろん、まったく批判するようなことではない。自分ものびのび育ってほしいと思う。ただし、それはあくまで「伸び伸び」育てることが好適だと思っているのであって、今取り組んでおきたい課題を先に「延び延び」させて、いつまでも幼児性ばかりを発現している状態は御免である。伸び伸び育てるというのは、嫌がり、泣き叫ぶ子供に無理やり勉強をさせようということではない。適時教育を励行し、今吸収するのに適することは、今やっておくべきだ、という意味である。適時に行われる教育においては、子供は楽しくこれに取り組むことができ、負担感や苦痛はほとんど生じない。

例えばどうだろうか。「うちは小学校に上がるまでは学問的要素のあることは一切させません。のびのび育てたいので」というご家庭はあるだろう。これは「延び延び」のパターンである。では小学校に上がったとしよう。今までに吸収すべきことを吸収していなかったがために、ひたすら大量のインプットをこなさねばならない。その量的なものたるやまさに苦痛であろう。「のびのび育てたいので」と言っていた親は、こんな状態を理想としていたのであろうか。夏休みの宿題をまったくこなさず、夏休み最終日にはちゃめちゃな状態で宿題をする状態と似ている。夏休みであればまだ良いが、幼年教育は人の一生に関わることである。親が設定した「のびのび」のために就学後に大きな負担を強いられ、時間的な余裕も失い、それでいて吸収率も高くはない……。こんな状態こそ虐待的であると言わざるを得ない。ただ概念的に「のびのび育てたい」と言っている保護者にお願いしたい。その「延び延び」の末路に苦しむ子供がいることを。

長きに亘ったゆとり教育は終焉を迎え、教科書の厚みはぐっと増している。その日に使用する教科書がすべてランドセルに入らない、という現象さえも生じているのが昨今の現実である。四十年以上前、ゆとり教育が導入されていなかった時期は週休一日であった。しかし今、ゆとり教育を廃した上で週休二日の体制となっている。一日あたりの時限数を増やして対応せざるを得ない。すでにオーバーワークが指摘されている教師にとってはさらに大きな負担がのしかかる状態となった。

こうなってくると家庭の教育力が問われるようになるだろう。また、学習塾の助けが必要になる部分も増えていくことが予想される。そうなった場合は、学習塾に通わせることができる家庭の子供たちのみがしっかりしたフォローを受けられる状態となり、結果として経済格差が学力格差として顕出してしまう。すでに経済格差と学力格差についてはいろいろな指摘があり、また統計学の分野からもその相関が言及されている。

こういう状態になってくると、ますます「延び延び」は大問題であるし、幼児教育の役割、また幼年教育機関の果たす役目はより大きくなっていくだろう。就学後に「伸び伸び」させてあげるためには、「延び延び」は絶対に回避せねばならないし、就学前は何もさせないという方針は、虐待的であるし誹られても仕方ないものであると私は考える。

やや話がずれたので筋を元に戻す。適時教育で子供の能力をしっかり開花させている私立の園が引き起こした現象がある。それは小学生（低学年）と幼稚園児（ないし保育園児）の能力の逆転である。

公立小学校低学年の教育水準をはるかに上回るものを実践し、素晴らしい園児を輩出している園がある。結果として小学校入学時点において新一年生の水準にすでに大きな差が出ているのである。ただのびのびと育てられた子供たちは歯に衣を着せずに言うと「動物状態」である。それを集めてしまうと（失礼な表現ではあるが）、珍獣博覧会である。小学一年生とし入学した時点で最低限必要な能力は「椅子に座って人の話が聞けること」「集団行動ができること」などがあるが、それが育たないままに入学しているために教室が珍獣博覧会の会場と化すのである。

ある小学校の教師から聞いたのだが、入学式を終えて新一年生を教室に誘導すると、教室に入って机・椅子があるにもかかわらず延々と立ち歩いている児童が複数あり、中には壇ノ浦の義経が舟を飛び渡ったかのように、机から机を飛び回っている児童もいた、と。こういう状態からの躾までせねばならない小学校教師には慰めの言葉もない。

これまたある小学校教師から聞いたのだが、入学当初に教室を見渡せばどこの園の出身児童か分かるのだそうだ。きちんと座っていられる子供、いろいろな言葉を知っている子供、集団行動ができる子供、それらは家庭ないし園でそういう指導を受けた経験があるのである。こういった指導ができる、あるいは重要だと認識している家庭はそういう取り組みをしている園に入園させるものだ。

一方、集中力が続かない子供、すぐにキレる子供、意思疎通ができない子供……これについてはご拝察の環境の中で育ったという履歴がある。これが「チーム延び延び」の末路である。子供に罪はないだけに実にもどかしい思いになる。

ただ、ここで指摘せねばならないことがある。人間は往々として下の水準に流され、また、楽なほうを選択しがちであるということである。結局、出身園によって明確な差があった能力は、早ければ入学後半年、遅くとも一年生のうちには「チーム延び延び」に同化していくのである。ハキハキとできていた挨拶はできなくなり、集団行動も苦手になり、授業でも落ち着きをなくす、という。

「チーム延び延び」を育てた保護者はどう責任を取ってくれるのだろうか。

言語教育に関して言えば「チーム延び延び」に責任を求めることはできない部分が多い。適時教育を行っている幼年教育機関で『論語』『万葉集』『徒然草』を読んできた子供たちが、小学一年生の教科書を受け取って何を学ぶか。先述の内容とも重複するが、小学一年（上）のある教科書は、まず表紙から約八ページは絵本状態、いや、絵だけのページが続く。やがて「おはよう」などの挨拶句が出始める。やがて「ありさん、ありさん、あいうえお」などの詩的な文が出現する。

小学校の教師の中には「幼稚園などであまり高い水準の教育をされても、小学校でどのみち取り組むことなので意味はないと思う」とか「授業をする前から何でも知っているので扱いにくい」という教師もおり、まったく残念な見解である。幼年教育機関の水準ですでにできているものを小学校で取り組んでいない現状に疑問を持てと言いたい。何でも知っている児童にはさらにその上の知識を授けて知的好奇心を満たせるような授業をしろと言いたい。何でも知っている子供がクラスにいると扱いにくい……という教師の個人的な都合で、子供の向上心を摘み取らないでほしい。中には「いろいろ知っている子供がクラスの学習進度を狂わせる」と言う教師もあるが、それははっきり言ってしまえば、自身の指導力のなさを一部の子供に転嫁しているに過ぎないことである。

ただ、教師の責任や意識ばかり言っても仕方ない面がある。文部科学省が定める学習指導要領によって指導の目標や具体的な範囲、到達点などが示されており、それに忠実に従った結果として好ましくない状況が出現する場合もある。また、その改定は十年ごとと定められているため、現場で問題化している事態に即応した修正は利かない。

もちろん、教育の基礎的な指針が短期間でころころ変わってしまうのは大問題であるが、各地から問題アリと報告があがった教務内容に関する部分は柔軟に変更して然るべきではなかろうかと思う。

幼児であるから「こそ」の素読の実力

素読の効果はいろいろな年齢層で確認できる。言語習得の効果だけではなく、大人の場合は声を出すことによるスッキリ感や、かつて古典から学び取れなかったことを学び直せる新鮮さなどが挙げられる。ただ、一番効果が顕著に見えやすいのは幼年期である。

幼年期の吸収力は凄まじく、わずか数回素読しただけの単語や文章をすぐに覚えてしまう。「幼年期は素読の効果が顕著である」という表現は適切ではなく、幼年期の吸収力の大きさを狙ってその時期に素読をしているというのが実態に即した表現である。

素読を導入している幼年教育機関も少なからずあり、そういった園を見学すると園児たちのハキハキと素読する様子、暗唱できる分量の多さ、素読している文章の水準の高さ、など、小学生のそれと比較してあまりの素晴らしさに驚かれることが多い。「これが本当に幼稚園児ですか」「この年齢でここまでできることにびっくりしました」と。確かに戦後国語教育を受けてきた者の「常識」からすれば、園児の素読の実力は驚愕すべきものだろう。

しかしここが落とし穴である。幼児である「のに」ではなく、幼児である「から」という発想をしてほしいのだ。幼児期の特性がしっかり生かせるからこそ、その素読で良い結果を残せるのである。例えば五才児が長編の古典を暗唱して何分もかけて言い澱むことなくすらすらとそれを暗唱発表できた場合、この年齢でこの暗唱は凄い、とびっくりされるのだが、それはさして驚くことではない。むしろ三十才や四十才になって同様の暗唱ができたならば、それこそが驚異的なのである。

私たちはまず幼児が持つ力を適正に理解して、それをきちんと生かした言語教育をせねばならない。

「三つ子の魂百まで」という諺があるが、これは先人の実感に基づいた大変正鵠を射た表現であると感じる。

江戸時代初期の福岡藩士に貝原益軒《かいばらえきけん》という儒学者・本草学者がいるのだが、彼は心身を健やかに保つための指南書として『養生訓《ようじょうくん》』を著したことで知られている。その貝原が八十一才の時に著した『和俗童子訓《わぞくどうじくん》』は日本初の体系的な教育書といわれており、この内容は寺子屋教育にも大きな影響を与えたとされる。実にこの『和俗童子訓』の中にも何度も何度も繰り返して幼年教育の重要性が訴えられている。『和俗童子訓』は現代においても販売されているので、ぜひ読んでみていただきたい。

『和俗童子訓』の中で幼年教育について述べた箇所を抜粋して現代語訳してみたので、以下にそれを記す。

「幼年より教育を始めれば、習ったことは染み入ってその人間の根本的な性質となっていく。より立派な人物を育てたいのであれば、幼年期より良質な教育を受けさせるのは道理である」

「先に悪に染まってしまえばそれを改めることは困難であり、それに先回りして教育を始めねばならない。昔の人はものを食べ始める頃、言葉を話し始めるその手前から教育を始めよと言ったものだ」

「所得が高い家庭であれば、できるだけ早くから優秀な師をつけ、所得が低い家庭はできるだけ早くから優秀な友人と交流させるのが良い、と昔の人は言ったものだが、これこそ大原則である」

「幼年期に良質な教育を与える必要があるのは、一度吸収したものは再び別のものと取り換えることが困難であるからだ。一度悪い教えに染まったものを更生させるのは難しい。幼年期に周囲の大人がきちんとした教育を提供せず、その場限りの大人の杜撰《ずさん》な対応によってよろしくない性格が刷り込まれ、成長した後にそれに気付いて更生させようとしても、もう言うことを聞きはしない」

「幼年期から礼節や国語全般、芸能を習得させよ。つまらない遊びに時間を費やすようなことがあってはならない。それが悪い習慣へとつながっていくのだ」

「幼年期にできるだけ早く教育を始めることが大事なのだが、知恵のない凡人は『いろいろと詰め込むと心が折れてしまって良くないので、子供の自由にさせておいて、やがて知

恵も自然につけてゆくだろうから、そこから自分で成長していくだろう』と言うが、とんでもない了見であり、良質な教育を妨げる発想である」

「幼年教育に当たっては人格的に優れた師が最適である。知識や技術の面で蓄積が大きくとも人格に問題がある師につけて学ばせることは避けねばならない」

「幼年期より、古い言い伝えや老人の話、歴史に詳しい人の話を聞くことに馴染ませなさい。そこには道があり、その道を体得することにつながる。古来より愚か者は道を聞いて嘲笑するというが、実際、幼年期には老人の話など聞きたがらない場合が多い。しかし本当に大人物となる人間は幼少期から古今の話を聞いて育つものである」

実に多くの示唆に満ちているとも思われなかっただろうか。執筆から三百年の時を経て、色あせるどころかますます輝いているように私は感じる。

先人の経験値だけでも十分頼りになるが、近年の脳科学が幼年期の能力について分析を進める中で、ますますその裏付けが確かなものとなっている。脳科学の発達は言語習得状況の分析にも大きな進展をもたらしている。端的に言ってしまうと、私たちが従来考えていた言語習得の時期よりもはるかに早い時点でそれが行われていたのである。

先述の貝原益軒の訓えにしてもそうだが、こういった分野はむしろ昔の人のほうが経験則を整然とつなげて正確な分析をしていたのではないかと思う。幼児の能力を見くびってはならない。

幼年教育機関の役割は非常に重要である。優秀な人材（指導者）が幼年教育の場で高い技術を身に付け、長期に亘って現場にいることができるような施策が必要であると考える。例えば同じ四才児のクラスであっても、十分間集中して何かに取り組ませることも困難な幼稚園教諭（ないし保育士）もいれば、同じクラスで四十分も濃度が高く、また園児を集中させて授業できる方もいる。しかし、メディア報道や訴訟でも知られることになったが、その待遇は大変に厳しいものがあり、優秀な人材が長期に亘って現場で指導実務に従事できるようになるには待遇の改善策は必至であろう。すでにその施策は実行に移されている段階であるが、優秀な人材を確保するためには現状レベルでの待遇改善ではまだ十分であるとは言い難いものがある。優秀な先生が、所得の低さを理由に流出していく実状の改善は急務である。

幼児の言語教育の目標到達点

さて、ここで幼児の言語教育に関して、その目標到達点について明確にしておきたい。あくまで私の個人的な設定であるが、以下の内容を自分自身は目標として考えている。

■年少が終わるくらいまでにできるだけ多くの単語や熟語、名句、名文を素読させる。『論語』の一節や俳句・短歌などを教材とする。また、四字熟語なども良い。姿勢を正して素読することができるようになり、オン・オフの違いを明確に区別し、集中力を自分で高められる状態まで育てる。また、年少の九月以降は毎月一曲くらいのペースで歌詞が古めかしいと感じられるような文部省唱歌を素読し、またメロディも覚えて歌えるようにする。これは卒園まで継続する。

■年中の夏までにはクラス全員の名前を漢字のみで認識し、発音できるようにする。年中が終わるくらいまでに年少の頃よりも長い文章を素読できるようにする。また、素読の文章と関わる人物や歴史上の出来事に興味を持てるような工夫をし、人物名や歴史的な事件の名称もインプットを加速させる。また、平仮名が読める子供が増えてくる時期ではあるが、あえて教材にルビを振らず、漢字を見た瞬間にそれが発音できるようにする。

■卒園くらいまでに、『実語教』や『般若心経』、『平家物語』や『太平記』の一節など、長編古典を暗唱できる状態まで育てる。また、身辺にあるものや行事の名称などを漢字で書いた場合もそれを発音でき、なおかつ内容が理解できるようにしておく。

かなりざっくりしたことしか書いていないが、こういったステップは一部の英才向けのものではなく、一般的な水準の幼児が無理なく取り組める内容である。

そして文字認識に関することをやや書いたが、あくまで漢字が画像として認識されることを前提にしており、漢字を「読む」のではなく、画像として「見る」ことにより、それが発音できるように仕上げておくことは難しいことではない。この時期にできるだけ漢字への親和性を持たせておくことで、就学後に漢字嫌いになってしまうのを防ぐことが可能である。

また、素読教材の多くを占める古典には多くの漢字が出てくるが、そういった古典に触れる機会を日常化しておくことにより、漢字が日常にある状態が当然のこととなり、漢字学習のハードルが確実に下がる。就学してから後に漢字と接触し、日常の中に漢字が突如として流入してくる児童と比較すれば、漢字学習の進展には雲泥の差が生じる。

そしていずれにせよ、素読を基礎とした「発音中心」の学習を徹底することで、確実に語彙学習の前段が達成できるようになる。年少から年長までの学習目標において素読の次のステップとなる「意味の習得」ということを書かなかったが、実は年長あたりになると解説もしていないのに意味を理解するようになる園児も多い。

語彙学習においては「発音」と「意味」と「表記（文字として書くこと）」の三点が揃ってから完結するわけであるが、しかし、あくまで就学前の段階では生活に必要な部分を除いては意味を意図してインプットする必要はないと思われる。よって先ほど「語彙学習の前段」と書いたのは、意味の理解や表記の仕方は分からないが、しかし発音の理解は達成できている状態、という意味である。

どうしても戦後国語教育の影響で、言葉の意味を教えること・教えられることが常識となっている人が大多数なのであるが、しかし、発音のみのインプットと侮らないでほしい。その部分を成立させずして次のステップである意味の理解へは進めないのだ。

また、幼年教育においては教育対象が身体能力、人生経験値などあらゆる分野で未熟な存在である。意味は自分の人生経験と照らし合わせながら実感として学ぶのが一番だが、そもそも幼児にはそれができない。手や指を動かす能力やそれに伴って伸育する図形描画の能力も低いので、文字を無理に書かせる必要もない。要は、未熟な相手に対して完璧な学習を求めても無駄ですよ、ということだ。発音に興味を示し、意味に深く関心を持たないという幼児の特性を生かした適時教育とは、やはり素読なのである。

例えば、お父さん・お母さん、あるいはおじいさん・おばあさん世代に「一ヶ月以内に歴代天皇百二十五代をすべて暗唱して発表できるようにしてください」というのは非常に酷なことである。言語を系統立てて大量にインプットできない脳になっているのだから。それと同様に、意味をまだ吸収できない幼児に意味まで抱き合わせて言葉を教えるのは酷なことなのである。

子供を取り巻く理想的な言語環境とは

人間を取り巻く言語環境を考える時、大人の場合と子供の場合とではまったくこれが異なる。

まずは大人の場合から。すでに多くの言葉のインプットができている状態であるが、しかし、すべての物事を言葉で表現できるわけではなく、そういった状況に直面することも多いだろう。例えば感動的な景色を見た時、その色彩をどう表現するか、その雄大さはどういう言葉で表現するのが良いか、そして何よりその時の自分の感動はどんな言葉で言い表せるか、と、眼前の現象や自分の感情について「確かにそこに存在している物や心を言葉で表現できない」という状況があるはずだ。もちろん、無理に表現する必要もなく、言葉にならない感動というものも大事にすれば良いと思う。

また、身近な例としては仕事の上で使用する工具や事務用機器について新しいものが登場した際、使用法は分かるがその機器の名称はまだ知らない、という状況が出現することもあるだろう。「ほら、あのナントカ」と表現することがあろう。

何が言いたいかというと、大人の場合は「物事や心を表現するにあたり、すでに事物の現物は存在しているし、また、湧き上がる感情もあるのだが、それを表現する言葉が見つからないという環境があるのだ」ということである。もちろん語彙力の高い人は言葉として表現できる範囲が広いわけであるが、そんな人でも「言葉が出てこない」「的確な言葉が思い浮かばない」ということはある。

続いて子供の場合。先述したように子供は人生経験そのものが少ない。単純に、生きてきた時間と人生経験を等号で結ぶことは正確ではないが、それでも生きてきた時間が人生経験の蓄積と無関係であるわけではなく、基本的には年齢が少ないほど世間を知らない。しかし、素読によって言葉の発音を大量に獲得することはできる。また、先述のように年長くらいになれば素読で獲得した発音と意味を自分でつなげるようになる子供も存在する。しかしその言葉をいったいどんな局面で使うのかを知らない、という状況となる。

例えば「怒髪天《どはってん》を衝《つ》く」という言葉を発音できるようになり、またそれが激しい怒りを指すのだという意味も把握したとする。しかし、自分自身がそんな状態になったことは人生の中でまだなく、また周囲にそんな人がいるのを見たこともないため、実感としてしっくりこない。要は大人の時とは逆で「言葉は知っているのだが、そんな感情になったことはなく、そんな事物を見たこともない」という状況であり、言うなれば「言葉は自分の中に存在はしているのだが、そこに実感はなく、どんな状況で使用されるのか分からない」ということになる。

端的に言えば、大人には「これを言葉で表せない」という状況を、子供には「言葉は知っているが、それを使う局面を知らない」という状況が出現する。となると、子供にはとことん言葉を教えて「たくさん言葉はあるが、いったいそれらをどこでどのように使うか分からない」という状況にしてやればよい。

これが子供を取り巻く理想的な言語環境であると思う。幼児期からの適正な言語教育がなく、言語の習得が進まないと、大人になっても「身の回りのことをほとんど言葉で表せない」という残念な状況が出現してしまう。

ただ、こういう話をすると決まって「幼児期にたくさん言葉を覚えさせても、それを一生使わないようであれば意味がないのではないか。それほど言葉を大量にインプットする時間があれば、のびのびと遊ぶ時間も必要だろう」という意見が出てくる。これぞまさに戦後教育の権化である。こういった「のびのび」は悲しい結果をもたらす。

まず、言語を大量に素読によってインプットする時間を確保しても、のびのびと遊ぶ時間は十分確保できる。また、言語インプットの作業は子供たちのほとんどは楽しみながら進めていく。要は「子供にはつらい言葉の教育、子供がのびのびできる遊びの時間」と区別すること自体が大人の勝手な線引きなのである。

また、インプットした言葉を一生使わないこともあるだろう。しかしそれが何か大きな問題なのだろうか。むしろ大人の勝手な感覚で「つらい学習」から解放し、「楽しい遊び」ばかりの時間を与えたとして、言葉のインプット量が足りない状態になってしまったら、大人になってから使用できる語彙が限られてしまい、ここぞという時に必要な言葉を発せられないことも増えるだろう。むしろそのほうが大問題ではないのか。

一生使わないままの語彙が多いくらいのほうがちょうど良いのだと私は思う。だいたい、一生のうちにどんな言葉を使用するかなど、誰も分からない。たとえるならば、泥棒がいつどこで侵入してくるか分からないのと同じことであり、では警備員は不要なのかというとそんなことはないわけだ。ここぞという時に警備員の活躍が輝くのであって、言語もまた同様である。いつ使う可能性があるか分からなくても、咄嗟《とっさ》に的確な言葉で表現できる人物に教養の深さを感じるだろう。誰でも使えるような言葉を日々使っているだけでは言葉の力に長けた人物とは言えない。

幼年期に発音のみでインプットした言葉が意味と結びつくのか、という疑念を呈する人もいるが、まさにそのあなたもそういったルートを辿っているのである。またこれに付随して、発音でインプットした言葉とその意味がリンクするまではどのくらいの時間を要するのか、と問う人もいるが、「分からない」としか回答のしようがない。自分で自然に習得することもあれば、誰かに教えてもらって知ることもある。いつどんな経験をするか、誰が何を教えてくれるのか、ということが分からない以上は答えようがないのである。

例えば、幼稚園の年長の時に「ゲンゴウ（元号）」という言葉を発音のみで覚えていたとして、小学一年生の時に先生が「自分の生まれた年を元号で表すとどうなりますか」という問いかけがあったとして、その時に先生や親から元号の意味を教えてもらったとすれば、元号の意味と発音が結びつくまでに一年間しか経過していない。

もうひとつ、私自身の実例を出そう。小学校の高学年の音楽の時間に『箱根八里』を学び、歌えるようになった。その歌詞の意味はほとんど分からなかったが、歌詞のほとんどは暗記していた。それから約三十年を経て、素読教育を推進するようになった自分は『箱根八里』を素読教材にするためにその歌詞をパソコンに打ち込んでいた。小学生の頃に歌っていた歌詞を文字で表記する作業をするというのはなかなか懐かしく、楽しいものであった。

歌詞とメロディはほぼ覚えているのだが、表記が分からないので歌詞が掲載された文書を見ながら作業を進めていた。いわゆるサビの部分ではないが「ヨーチョーノショーケイハ……」と歌うところがあり、そこを打ち込む際に「なんと！　そういう意味だったのか！」と感慨にふけった。漢字で表記すると「羊腸の小径は……」となっていたのである。意味も知らずに「ヨーチョーノショーケイワァ……」と繰り返し歌っていたが、意味は「羊の腸のようにぐねぐねと曲がりくねった小径（こみち）」ということだったのである。

小学生でこの歌を習っていた時、教科書が漢字表記だったか平仮名表記だったのかはまったく記憶にないが、漢字の知識が蓄積し、そこから意味を類推できるようになっていたからこそ自分で意味をリンクさせることができたのである。この事例の場合は発音の習得から意味の習得の間に約三十年間を要している。ちなみに『箱根八里』の作曲は滝廉太郎であるが、これも私は音としてインプットしていたので「タキレン・タロウ」だと長いこと思い込んでいた。音でインプットする以上はこういうエラーも生じるが「タキレン・タロウ」であっても覚えおくほうが何もないよりはるかに良い。

さて、これでお気付きいただけたと思うが、発音で覚えた言葉とその意味をリンクさせるまでにどの程度の時間が関わるか、という問いには意味がないのである。

発音のみ覚える、というのは繰り返しになるが言語を完璧に習得したことにはならない。素読のように音だけでインプットしておくのは言語を脳内に「仮登録」しておく状態である。本登録ではない。例えばインターネットで何かを購買する際に会員登録という仕組がある。まずは自分のメールアドレスなどを伝えて仮登録を済ませ、やがてそのメールアドレスに本登録用のウェブアドレスが届き、そこにアクセスして本登録の手続きに移る。素読というのはこの仮登録をすることとよく似ている。この手続きが済まなければ本登録ができないのだ。

もっとも、インターネット上での会員登録では、仮登録から本登録に移るまでの時間に期限が設定されているが、素読の場合はそれがない。本登録に至るまでに期限が設定されていない以上、発音を吸収する能力に優れた幼児期を活用しない手はないのである。

また、年長くらいになると発音と意味のリンクも始まるということを書いたが、これが就学後の学習に大きなプラスの作用を及ぼす。この仕組みについては後ほど詳細に説明したいと思う。

ただ遊ぶだけ・時間を過ごすだけではもったいない

幼年教育における素読の効果について述べてきたが、次にややマクロな視点で幼年教育機関に関する危惧すべき状況を記しておきたいと思う。

待機児童の解消を、との掛け声のもとに全国に多くの保育園を設けることが喫緊の課題として提起され、事実、いかに収容力を増強して少しでも待機児童を減らすことが国家の、そして自治体の重要なテーマとして設定され、その施策が進んでいった。作れ、作れ、さらに作れ、という風潮の中、別の本業を持つ事業者が数多く保育園経営に参入していった。自治体によっては待機児童ゼロを達成したところもあり、それはメディアを通じて大きく報じられた。仕事を持ち、その休職ができない環境の保護者からすれば、こういった施策は極めて重大な関心事であったろうし、待機状態の解消は深刻な問題であったことは想像に難くない。

しかしここで考えねばならないのは、その保育園でどういった質の教育が行われているか、ということである。保育園は幼稚園と違って教育をする必要はないのではないか、という意見もあろうが、保育園と幼稚園の間にもともとあった垣根は低くなり、崩れつつある。幼稚園でも預かり保育を行って、働く保護者のニーズに応じているところも多々あるし、保育園でも幼稚園以上の水準で多くのコンテンツを用意して教育を行っているところも多い。厚生労働省が管轄する保育園、文部科学省が管轄する幼稚園、という図式があったが、両者の性質が近似・融合していく中で認定こども園という仕組みも登場した。

保育園であっても「ただ預かるだけ」では他との差別化はできない。子供にとってプラスになるいろいろな教育的な要素を導入するという流れは好ましいものであると思う。しかし、待機児童の解消は特に都市部での課題として「とにかく保育園を作って子供を収容して待機児童数を減らす」という大きなテーマが優先されたため、そのようにしてできた保育園は教育的コンテンツが脆弱であるケースが非常に多い（もちろん、すべてがそうではないのだが）。

言語教育を論じる立場の自分から見た時、ただお遊戯と簡易な歌を歌うのと粘土遊びに塗り絵ばかり……というのは非常にもったいないと思う。もちろん、粘土遊びにも意味があるし、塗り絵がいけないと言っているわけではないが、いろいろなものを吸収できる時期にそればかりというのは残念というしかない。

とにかく子供を収容できる施設を、とキャパシティを拡大することを最優先の課題にしていたわけだから、教育コンテンツが脆弱なのは致し方ない面もあり、またあれもこれもと同時に課題を挙げて一気に解決せよという注文こそ無理があるのだとは思う。しからば、待機児童を解消した後の課題として「有効な教育コンテンツの導入」やそれに関して基礎言語教育としての「素読の導入」を挙げてもらいたいと強く考えている。

非常にきつい言葉ではあるが、待機児童を減らすためだけの施設であれば、それは「子供の収容所」である。幼児期がいかなる時期なのかを考えるならば、保育といえども「預かるだけ」では許されまい。また、先述したようにいろいろな本業を持つ事業者が保育に参入したため、保育士を雇用する以上は現場の運営はこなせるだろうが、経営する側が「保育理念」や「教育理念」をしっかり打ち立ててその理念に沿った運営ができているかどうかは甚だ疑問である。

教育ノウハウがないなら参入するな、と言っているのではない。そういった業種に踏み込んだのであれば、そこでどんな社会的な責任が果たせるのかを真剣に考えてもらわねばならず、それは「保護者の保育ニーズを満たせばよい」という一面的なものではない。

幼年教育の話ではないが、学童保育（保護者が仕事を持つ小学生向けの保育事業。いわゆる「学童」のこと）についても同様である。吸収力に優れ、多方面の能力を伸育できるこの時期に、ただ遊ぶだけ・時間を過ごすだけというのは大変にもったいない。

大げさに感じられるかもしれないが、未来を担う人材を育てるという観点からすれば、ただ見ているだけというのは国家的な損失である。

「グローバル」の誤解を解く

グローバル教育、グローバル人材、グローバル企業、といった具合に「グローバル」という言葉が各所で頻繁に見受けられる。またそれとリンクして英語教育の重要性が強く訴えられるようになった。

以前にも増して、英語が話せなければ有為な人材とはいえないとか、英語を共通言語として円滑に意思疎通できるような力を付けておくのはインテリの最低要件だ、など、あたかも脅迫であるかのように英語、英語と連呼される世相である。わが国に本拠地を置く企業であっても、社内言語を英語に統一して話題になった企業もある。

まず、グローバルとは何なのか、ということを考えてから論を進めたい。

まず、一部の方、特に政治的な志向性でいえば保守派といわれる人に多いのが、「グローバル化とは自国の文化や伝統を捨て、世界に統一の基準を作ってそれを絶対化してそこに同化していくことだ」という考え方だ。しかしこれは完全な誤解である。グローバルという時、そもそもこの「グローバル」という言葉が英語であるので意味を理解しづらいのだが、語源をたどれば「グローブ」となる。要は「球体・地球」という意味である。

かつて海外（実は海外という言葉も視野の持ち方に関与しているのだが……）とわが国について語る時は「インターナショナル」という言葉が多く使われていた。グローバルとインターナショナルの相違点はどこにあるのか、それは「視点の設定」と「視野の持ち方」である。

例えば、日本とインドネシアの関係について調べる時、日本のインドネシアの交流史や現在の人的往来、貿易品目などについて把握しようとするなら、これが「インターナショナル」という視点・視野の持ち方である。日本という視点から、インドネシアを視野に設定して把握しようとする、要は一対一で対象を観察する方法である。

グローバルであればどうなるかというと、地球という球体のはるか上空に視点を設定してインドネシアと日本を視野に設定する。そうすれば、二国間の関係だけではなくて、インドネシアを取り巻く外交環境が複数の国との関係から見えてくるだろうし、相手国がわが国に対して見せていない別の顔も浮かび上がってくるかもしれない。

グローバルというのは、このように俯瞰するような視点を設定し、複数の要素を視野に含めることで観察対象の実像を把握するということである。当然のことながら、世界を統一言語で席捲しようだとか、各国固有の文化を破壊して世界中を平面化しようとなど誰も言ってはいない。従ってグローバルという言葉を掘り下げないがために生じる不安が虚偽の像を生んでいる実態についてはこれを正していかねばなるまい。

次に、一部の方、これは先ほどとは逆の方向性となるが特に政治的な志向性でいえば革新派といわれる人たちの多くが抱いている誤解であるが、「グローバル化とは、世界の国々が国境をなくして国を解体し、地球共和国を作って人類がみな地球市民となって戦争のない地球を構築し、また争いの火種となる文化の違いを乗り越えるための動きのことである」という考え方である。

特に進歩的・前衛的な人になると「世界各国の言語を廃してエスペラント語（世界で使用できる言語を目指して創出された人工言語）を普及させ、グローバル時代の地球市民の統一言語にしよう」と言っている。どうやらこういった思考は自らの信条のために、グローバルという言葉を意図して曲解しているのではなかろうかとさえ思われる。

グローバルという考え方の中に、国境を撤廃し、国家を解体しようという意味はない。また文化の違いを乗り越えるというのは、実際には相互の文化を認め合う、すなわち違いを認めることであって、大きなグループを設定してその中に世界中の人々が入れば解決するという性質のものではない。

初めにまずこういった「グローバル」への誤解を解消しておきたい。

外国語教育の過熱とある視点の欠落

平成三十二（西暦二〇二〇）年から適用される新しい学習指導要領のうち、小学校における英語の教科化が、先行・前倒しで平成三十（西暦二〇一八）年度より実施されることとなった。

英語はすでに小学校で導入されていたわけであるが、平成三十年度からは小学三・四年生においては「領域」として、五・六年生において「教科」として扱われることになったのである。なお、それ以前においては五・六年生が領域として英語を扱っていた。

領域というのは現時点では「特別活動（学級活動・児童会活動・クラブ活動など）」「総合的な学習」の時間がこれに該当するのだが、成績表での評価対象にならないという特性がある。成績評価の対象にはならないのだが、履修が各学校の裁量に任されているわけではなく、全国一律で必修となっている。教科化された場合は成績評価の対象として格上げされるかたちとなる。「領域」「教科」という区別を除けば小学校三年生以上の四年間で英語を学ぶことになる。

外国語ブーム……とはいってもその実態はほぼ英語ブームである。もう何十年も前から英語ブームであるといわれ続けている。これからは英語ができて当然の時代である、英語ができないと就職もできなくなるぞ、といわれて久しい。

ただ、過去の英語ブームも含めて俯瞰した時、現在の英語ブームの過熱は今まで例を見ない水準に達しているように思われる。それは民間の盛り上がりもさることながら、国家主導で英語教育の強化が急激に進行しているからである。

国が構造改革特区として全国一律の行政ルールを適用しない自治体を認定する仕組みが小泉内閣で作られ、その中に「教育特区」の設定がある。学習指導要領の規定によらない教科時間配分が許され、また独自教材の使用も可能となる。全国の教育特区を調べてみたところ、その多くが英語教育に特化したものであった。現時点（平成二十九年十二月現在）において英語教育に関する教育特区を導入している自治体は約四十ほど存在する。それに対して、国語教育特区の導入事例は、東京都世田谷区・新潟県新発田市・佐賀県鳥栖市の三自治体のみである。

自治体が申請し、国がそれを許可するという構図からして、地域においても国においても英語教育を推進したい意図が鮮明である。また、小学校における英語教育の教科化や国立大学への英語授業増加督促などの国の施策を見ても、明確な方向性が読み取れる。また、仕事柄、幼年教育機関に子供を通わせている保護者と話をすることが多いのだが、かなりの割合で保護者は英語教育に強い関心を持っている。

例えば、現状でも多くの……いや、ほとんどの幼年教育機関が英会話を導入している。それは幼児が外国語の発音を正確に習得できるという特性を持っているという点だけではなく、保護者が英語教育を実施している幼稚園のほうが魅力的であるという判断をしているから（＝園児募集に有利になる）という面も強いのである。

ある幼児教育関係者から「幼稚園に出講してくれる英語の先生は実にたくさんいるのだが、国語の先生はなかなか見つからない」と聞いた。このことからも需要と供給の実情が理解できる。

都内のある新規開園の保育園の管理者から聞いたことであるが、もしも英語教育を園で導入しないのであれば、なぜ導入しないのかを保護者会を開催して説明せねばならない状況だ、とのことであった。

このように、現在の英語ブームが官民一体となったものであり、民が求め、官が行い、官が更に後押しし、民はさらに舞い上がり……という図式が垣間見える。

ここで述べておきたいのであるが、私は英語教育をするなと言っているわけではない。むしろ適正な内容を適正な時期に、しっかり行うべきだと考えている。ただ、この過熱した英語ブームにあっては、とにかく履修の前倒しを、さらに量的な拡大（＝授業時間数の拡大）を、という波が押し寄せていて、もはや冷静な議論がしにくくなっている状況であるようにさえ感じる。

わが国では長い間、中学・高校の六ヶ年で英語教育を行ってきたわけだが、しかしそれだけの時間をかけながら非英語圏の中でも英語の習熟度が低く、十分に教育成果が出ているとは言えない実情がある。時間対効果という観点に立てばこのままで良いとは言い難い。もちろん、わが国は植民地支配を受けて英語を強制された過去もなく、また、明治期に近代科学や西洋文学の用語を日本語として創作した（権利・社会・国民・共和国・法律・情熱などの圧倒的多数の言葉）ために外国語に頼らずに学術的な会話が成立するという利点がある。また、国民の教育水準は高く、購買力も高いために海外の文学作品や学術書籍の多くも和訳されたものを読むことができる。身近なところだと『ハリー・ポッター』のシリーズもごく当然のように日本語で読んだという人も多いだろう。しかし、英語版しか供給されず、英語ができなければ『ハリー・ポッター』が読めない、という国もあるのである。こういった「日本語が当たり前に使えて不自由しない環境」を保持していることは幸いなことであると言えよう。

しかし、英語教育が不要であるわけではなく、行う以上はその習熟を高めるために絶えず教材や教務の改善は行うべきであろう。ただここで冷静に考えていかねばならないのは、量的な拡大ばかり加速しているのではないかという点、費用対効果・時間対効果・労力対効果という効果測定の観点である。

時代に逆行していると お叱りを受けてしまいそうであるが、高等英語教育は一部の生徒を対象とした教育に限定するという、英語教育対象の絞り込みも改善の一策だと考えられる。国民全体に均質な英語教育を行うことだけが改善ではない。むしろ、均質化による非合理性が教育の上で大きな弊害となる場合が多々ある。

明治以降の教育では「均質性」「平等性」が重視されるようになり、戦後それが特に顕著になった。もちろん、機会の均等は担保されてしかるべきであるし、所得によって教育の機会が制限され、所得格差が教育格差につながるような社会を私は望んでいない。しかしそれは当然のことながら機会の均等である。

遍《あまね》く機会を与えても、国民を押し並べて高水準に導くのは事実上不可能であるし、その結果として「そこそこの水準」を設定するとすれば、国際舞台で日本の立場を主張して英語で舌戦を展開するような人材には物足りなくなってしまうだろう。会話程度の英語力さえあれば良いのが日本国民の大多数の実情ではないだろうか。ただ「英語教育の強化」をいうのではなく、どういった層に対してどういった英語教育を提供するかという「最適内容」「最適時間」「最適対象」という点も議論の対象にすべきである。

費用対効果・時間対効果・労力対効果についてひとつ申し述べたい。

先日、中央線の荻窪駅（東京都杉並区）で外国人から話しかけられた。阿佐ヶ谷駅に行きたいとたどたどしい日本語で。内容は理解できたので、阿佐ヶ谷駅までの料金と駅のホームを教えた。当然ながら私は「あなたは発音が下手くそである。日本語の発音を正確にしなさい」などとは言わなかった。

またこれも先日、広島駅において広島空港までの移動方法について外国人から英語で聞かれた。日本語が通じなかったので、中学一年生レベルの英語といい加減な発音で何度も説明しているうちに、どうやら理解できたらしく、こちらが案内した方向に向かって歩き出した。この外国人から「英語が下手くそだ」「発音がひどい」（←これらは事実なのであるが）という内容は言われなかった。


何が言いたいか。日本人が英語学習において強く執着する「正確な発音」にどの程度の価値があるのか、ということである。いや、もちろん正確な発音で話せる価値は大きい。ここで言及したいのは英語教育における費用対効果・時間対効果という点での価値である。ぶっきらぼうな言い方をしてしまえば、日常会話という前提であれば「伝わればそれで良し」という程度設定も不適切であるとは思わないのである。正確精緻な発音のためにどれだけの時間と労力、費用を割かねばならないだろうか。他に優先して学ぶべきこともあるはずだ。

かく言うのは、世界で英語が話せる人のほとんどが訛った英語を話しているという状況があるからである。ネイティブ並みの発音を大きな負担で体得したとしても、それは日本の家電製品よろしく過剰品質なのではなかろうか。インド訛り、メキシコ訛り、スペイン訛り……といろいろな英語が存在する。もちろん、最初からいい加減な発音をしようと言っているわけではなく、あくまで指導者は模範的な発音をするという基本は押さえた上で、しかし他教科の学習負担も併せて勘案し、どの程度の時間・労力・コストを英語の発音に投下できるのかという点は真剣に考えねばならないだろう。

日本を語れない日本人には魅力がない

では、グローバルという言葉が使われるようになった経緯を考えてみよう。もともと「インターナショナル」という視点で「国内」「海外（国外）」という観察の仕方をしていた時代の話から始めたい。

読者の中には「ソ連」「東ドイツ」と聞いてもピンと来ない年齢層の方もあるかもしれな

いが、第二次大戦後に東西対立（冷戦体制）と称される時代が続いた。西側諸国は自由主義陣営と呼ばれ、米国を筆頭に資本主義経済と自由・民主主義を共通の価値としている陣営とされた。わが国もこの陣営に分類される。東側諸国は共産主義・社会主義を共通の価値としているとされる陣営であり、西欧以西に前者が多く、東欧以東に後者が多かったために東西対立という表現が用いられた。経済や社会の仕組みの相違により対立はいろいろな局面を経つつも約五十年にも及び、ソ連崩壊に象徴される東側諸国の変容の中で東西対立は終結したとされている。

この東西対立こそが「インターナショナル」という視点による世界分析を可能にしたものであるとも言える。すなわち、自国の属する陣営が西側なのか、東側なのか、という一対一の視点・視野でだいたいの説明がついてしまったからである。いずれにも属さない第三世界といわれる国々があったが、経済力の小さな国々であり、それらが分析の対象となる機会はほとんどなかったのである。

インターナショナルという言葉が隆盛した時代に「国際化」という言葉もしきりに使用されたが、その意味するところは事実上の「欧米化」であった。国境をまたいだところで、基本的には西側諸国との付き合いであり、その範囲を超えることはないに等しかったのだ。

しかし東西対立が解消すると新たな世界の枠組みを求めて大きな変化が生じることとな

る。ソ連崩壊の時に中学生であった私は記憶が鮮明にあるが、メディアはしきりに「この東西対立の終結により、世界に平和がもたらされる」と言っていた。しかし現実はそんなお花畑ではなかったのだ。従来の世界秩序の崩壊により、パワーバランスが変化し、また第三世界の国々が経済面での勃興を見せ始めると世界は多極化の様相を呈した。よって、インターナショナルな視点ではこの状況を厳密に説明できなくなり、グローバルという視点が要求されるようになったのである。

前置きが長くなったが、グローバルというのは俯瞰的な視野を持ち、世界を多角的に分析する手法であり、自国の文化や伝統の廃却を迫るものではない。よって言語もまた然り。英語やエスペラント語を世界言語にしてそれに合わせよう、と言っているわけではない。もちろん、経済強国が英語圏に多いことから、英語を話せる人材がグローバル社会においては有利であるが、誰も自国言語を捨てる必要などないのだ。

むしろ、多極化した世界の中でそれぞれに異なる文化や価値観があるわけで、それらの相違を知った上でその共存を図る考え方こそがグローバル社会では必要とされている。よって、自国の独自性というのは今まで以上に尊重され、また自国の伝統も文化も知らない人材が「私は英語が話せるのでグローバル人材です」と言って他国に渡ったとしたら、それはもう嘲笑の対象にしかならないだろう。

そもそも自分のアイデンティティ……自分が帰属する国の歴史や文化も語れないような人材がいったい海外で何を発信するというのか。日本人がいくらアメリカやイギリス、フランスの伝統や文化を学んでも、それらの国の人たちは日本人に対してそういった知識を質問することに重きを置かない。フランス人が「フランス革命の理念は何だったのでしょうか」「フランス国旗（トリコロール）の由来を教えてくれませんか」などと聞いてくるはずがないし、そういうフランス人がいたらこちらも怪しいと思うだろう。彼らは日本について日本人に問いたい気持ちが大きいわけで、よって日本を語れない日本人など交流の対象としてはほとんど魅力がないのである。

よく浅はかな「国際交流」で、ほんの数日程度海外に滞在し、国境など意味がないことが分かっただとか、人間同士、地球市民として理解し合えることが分かった、という人がいるが、悲しくなってしまうくらいにナンセンスである。互いの文化の深淵まで語り合うことはできていないし、表面的に調和できる話題しか出していないのだ。現実として世界に横たわるいろいろな国際問題について、自分の立場、自分の価値観で口角泡を飛ばすほどの議論などしていないだろう。

いわゆる海外のインテリはその相手足り得る人材を求めているのであって、にこにこして表面的に笑顔を交わしながら同席することを国際交流だとは思っていない。

世界を平面化して言語を統一しようだとかいうことは、多様性のある文化を抹殺してひとつの掛け声のもとにすべてが動くような一面的な社会を構築しよう、と言っているのと同義である。危険思想と言わずしてなんと表現できようか。

グローバル社会の在り方としては「フルーツサラダ」が求められているのだと思う。ひとつの皿の中（地球）に、さまざまな果物（いろいろな文化）がそれぞれの個性を保持しつつ並んでいる。これをミキサーに突っ込んでミックスジュースにしたり、鍋にぶち込んでミックスジャムにしたりすることは恐ろしいことだ。何かひとつの社会様式や文化で統一しようとすることは、自国の、また他国の文化を葬り去ることであり、大きな罪であろう。自国の文化を捨てることも、自国一国の問題ではなく、世界の多様性の一角を崩壊させたという意味において世界的な損失である。

よって、母国語は自分の帰属先とその文化に裏打ちされたＯＳであるが、外国語はコミュニケーションツールとしての色彩が非常に強い。

こういった考え方に立脚すると、現在文部科学省が進めている英語教育に関する政策に私は賛同いたしかねるわけであるが、その点については本著では割愛する。

なお、英語教育の目的を誤って行うことによる危険や、グローバル化と英語化を短絡的に接続する誤りなどについては九州大学の施光恒先生の『英語化は愚民化〜日本の国力が地に落ちる〜』（集英社新書）に詳説されているので、ぜひ読まれることをお勧めしたい。

日本語を使うことによって日本人的になる

さて、英語教育を推進する風潮の中、義務教育課程でも英語教育を行う学齢が引き下げられ、幼年教育機関でも英会話を導入しているところもかなり多い。ただ、実情として英会話を導入している幼年教育機関の中には「他園も英語教育をしているので、うちもやっておかないと……」という姿勢のところも少なくなく、また保護者が「英語教育をしてくれる園」を評価して入園させたい意向を持っていることが多いという「市場ニーズ対応」という側面が強いように感じる。「わが園はこういう理念で英語教育を行っています」と強く発信している園はあまり多くないのではないだろうか。

やはりこのように英語教育を早期から行うことは評価の対象になりやすいのだが、『国家の品格』で一躍有名になった藤原正彦氏が著した『祖国とは国語』の中で、英語教育の学齢前倒しなどに批判的な論を展開していることもあり、この著作の影響力の大きさゆえに英語教育の在り方について懐疑的な見方をするようになった層も出現した。

英語はできないよりはできたほうが良い。当たり前のことだ。しかし、私も英語教育の学齢を前倒しすることや、わが国に第二公用語として導入しようとする論、グローバル化の時代だから英語を徹底しよう、とする意見には賛同できない。

この問題に対して旗色を鮮明にすると「国語至上主義者」「国際化の流れを理解できない愚見」などのありがたいご批判をいただくのであるが、もう正直なところ、相手にするのも面倒なのでいちいち反論は書かない。

言語というのはＯＳである。その人間の人格を形作る。母語を使って思考し、母語を使って論理を組み立て、母語を使って意思を疎通し、情趣を表現する。母語は文化の担い手としての根幹に据えられ、単なるコミュニケーションツールと割り切ることはできない。日本人が日本人たる所以は日本語を使うからであり、同じく、フランス人がフランス人たる所以はフランス語を使うからである。

幼年期から外国語学習に傾倒すれば、その子供のＯＳは外国語になってしまう可能性がある。顔や体格は日本人でも、精神性は外国人となるのである。英語圏に長く滞在した人の話を聞くと、ある時点で寝言が英語に切り替わることがあるのだそうだ。またそれは同時に思考方法もその国の人に切り替わる瞬間であるという。

逆のパターンだが、来日した外国人が日本語を使い続けていると性格まで変化するといわれている。きっぱりと物事を言わなくなり、周囲の意見との妥結点を探すようになったり、自己主張が弱くなったりするそうだ。こういった現象をわが国の畳になぞらえてタタミゼと表現することもあるという（タタミゼという言葉はかなり広義に用いられているので別の意味もある）。

要は日本語を話し続け、それを基軸に思考するようになる、すなわち日本語がＯＳに切り替わることで日本人的になっているのである。ここに挙げた事例はいずれもＯＳが切り替わった実例を示している。言語が単なる発音記号であったり、意思伝達ツールとしての役割しか果たさなかったりするならば、こういった現象は起こらないはずだ。よって文化の担い手となる言語は先人からの尊い贈り物であり、次世代につなぐバトンである。

もちろん、言語は生き物であるので日々変化していく。変化している言語というのは機能しているからこそそうなるのであって、母語のかたちを一切変容させてはならないなどとはまったく思わない。しかし、まったく別のところから持ってきた外国語をＯＳに据えるのは、自国の文化の滅亡に手を貸していると言っても過言ではないことなのだ。

グローバル化の時代、従前に増して自国の伝統や文化をきちんと発信できる人材が必要になっている。自国の文化にこだわるより世界を俯瞰しよう、と言う人もいる。それのツールとして英語を利用するのは良かろう。ただし、英語はあくまで発信ツールとして使用するのであって、自国の伝統や文化の体得は自国言語で行ってこそ、その深い部分までが吸収できるのである。

実のところ、国語教育の役割を深く認識している人であっても本質からずれた見解を示すこともある。

佐賀県鳥栖市が国語教育において独自のカリキュラムを編成し、自前で教科書を作り、同都市内の小中学校の全校でそれを導入している。これは素晴らしいと思い、教材を拝見し、教育の現場を視察させてもらったことがある。この取り組みは実に有意であると思うし、公教育における国語教育の成功例となっていくことを強く望んでいる。

しかし、その国語教育を監修する立場にある大学教授が次のような趣旨の発言をしていることを聞いた。

「グローバル化の流れの中、日本文化というのはやがては消滅していく運命にある。しかしこの鳥栖市が導入する国語教育は、日本文化が衰退し、消滅していくスピードを遅くすることができる」と。

非常に強い違和感を持った。「グローバル化の流れの中で日本文化が消滅していくことは必然である」という認識、国語教育を通じて日本文化の延命を図るという考え方、いずれも国語教育の趣旨として同意できない。良き国語教育を通じて自国の文化を継承し、さらにそれを興隆させるという理念を掲げることによって、国語教育がより充実していくのではないだろうか。衰退・消滅していくものを延命する、という後ろ向きの発想ではより良い国語教育は提供できないと考える。

国語力がなければ英語力は育たない

さて、繰り返すが、外国語能力は高いにこしたことはない。しかし外国語能力の伸育を担保するものは母語能力である。英語の教育者が熱心に国語（日本語）力を付けることの重要性やその論法について熱心に訴えている現実をご存知であろうか。また、そういったアクションに出ないにしても、国語力の低下が英語伸育に大きな負の作用を及ぼしていると考えている英語教師は実に多い。

以前に土屋秀宇先生の講演を拝聴したことがある。土屋先生は私が深く尊敬している国語教育の大家であり、数多くの国語・国語教育関連の団体に幹部として名を連ね、尽力されている方である。実にこの土屋先生の講演を聞くことが私を素読教育への道に進ませたと言っても過言ではない。教育の理論構築から実務論、そして理念の設定に至るまで、土屋先生はわが国の国語教育の改善の先頭に立っておられる方だと思っている。国語教育に限らず、舌鋒鋭く戦後教育の問題点を抉り、その改善案を示されていることから考えると、教育全般にその力を注がれている。

さて、この土屋先生であるが、ご経歴としては千葉大学教育学部を卒業されている。学科は英語科。そして英語教員として長く教鞭を執られていた方なのだ。

講演の中で土屋先生は「国語力の低下とともに自国文化への理解度も低下し、古典を遠ざけることで先人の精神を知らずに育つために心が未熟なままとなり、そして言語力の下地がないがために英語力の伸育にも限界が出ている」という旨のことをおっしゃった。「言語力の下地」という考え方。英語、英語と連呼する方はこの部分に思考が及んでいるだろうか。先述した土屋先生の講演は国語力と英語力を主たるテーマにされてはいなかったので、この部分に関する詳細な言及はなかったが、英語教育のプロであればこそ行きついた現実であると思う。

私の周囲の英語教育者に片っ端から国語力と英語力についても聞いてみたが、いずれも同様の見解であった。現場で教鞭を執っている立場では、このことが痛切に感じられるようで、国語力の低下、すなわち基礎言語能力の低下が障壁となって英語教育の限界点が下がってしまうという話を何度も聞いた。国語力が豊かに育ってこその英語力であり、しかもそれは国語力の上限を超えることはできない。英語力を高く伸育させるには国語力の上限地点を高めておくことが絶対不可欠の要素であるのだ。

ここまではグローバルという言葉の解説やグローバル社会においてはますます自国文化の体得が重要性を高めてくる、という持論を述べた。当たり前の話だがそこには「自国に確固たる文化が構築され、継承されている」という大前提がある。

英語教育への傾倒は教育行政の指針やグローバルの意味を取り違えている人たちの考えにより、日々その勢いを増している。その論調を聞いているとあたかも日本語が劣った言語で排除すべき対象であるかのようにさえ聞こえてくる。もっとも、そういった人たちが「自国の文化や伝統など無用の長物」と考えているのであれば、ある意味、筋は通っているのだが、そこまで言い切れるような思考の人はさすがにほとんどいないだろう。

多様性ある文化の保持や自国文化への思い入れは感性から生じているものと思われ、グローバル化の中で世界を平面化しよう、と言っている人でも海外滞在中に日本食を食べたり、その国のテレビで日本の伝統的な建築文化などを見たりなどすれば心が揺り動かされるのではなかろうか。

ここで、英語教育の推進に執心する方が、成功例として好んで引き合いに出すシンガポールの話を挙げたい。『プレジデントＦａｍｉｌｙ』の二〇一三年七月号に掲載されていた内田樹氏の文章の一部を抜粋して紹介したい。

英語教育のモデルとしてよくあげられるのがシンガポールである。住民の多くは中国の福建省や河南省にルーツを持つ中華系だが、公用語は英語であるおかげで東アジアの経済的・学術的中心となっている。しかし、そのことの代償もシンガポールの中国人たちは支払っている。今の若者たちは祖父母と共通の言語を持っていない。先祖が書いた日記も手紙も読めない。先祖伝来の食文化や生活習慣も希薄化している。

文芸評論家の江藤淳は、母語で読み、書き、語ることで伝来の文化に触れる経験を「死者たちとの共生」と呼んだ。その意味でシンガポールの若者たちは「共生すべき死者」を今は持っていない。だから、シンガポール文学というものがない。シンガポール音楽というものもない。シンガポール美術というものもない。オーケストラもあるし、立派な美術館もあるが、楽団員は海外から集めてきた人たちであり、収蔵品は金で買ってきたものである。国民をどうやって国民的に統合するのか、それがシンガポールの最大の悩みだ。

英語教育を強く推進したい立場の人はシンガポールが英語を公用語としていることのメリットしか挙げないが、これほどまでに大きなデメリットがあることもよく知っておかねばならない。

母国語に取って代わるほどの地位を外国語に与えること、それはすなわち自国の文化を、その外国語を用いる文化圏に委ねるに等しい。

話がややマクロな視点になってしまったが、まずはわが子の外国語力を伸ばしたいという方も、その基本は国語力にあること、また、国語力を上回る外国語力を育てるのは無理であること、よって高い外国語力を得たいのであれば、まずは確実な国語力を育てねばならないこと、この点は強く留め置いていただきたい。

第五章

素読で広がる可能性

素読は「心の豊かさ」「生きる力」「人間力」を育てる

素読をすることによって得られる直接的な効果についてはすでに第一章にて述べたが、ここでは二次、三次的な効果について説明したい。

自分としては一次的な効果もさることながら、まさにこの現代日本には二次、三次的な素読の効能が必須であると考えている。それは端的に集約すると次の一文になる。

「先人の精神性や知恵を受け取って自分に宿し、先人の感性を体感して豊かな感性を築き、これによって知・徳ともに涵養された人格的に優れた人物を育成できる」

何だか高尚な言葉を連ねたような感じになってしまって取っつきづらいかもしれないが、平易に言うと、知恵もあり、感性も豊かで、心も素敵な人物になる、ということであり、もっと端的に言うと、立派な人になる、ということである。

教育に関する目標設定において「心の豊かさ」「生きる力」「人間力」という言葉がよく用いられるが、概ねそれを達成できるのが素読であると考えている。

そしてここにまず記しておくが、二次的、三次的な効果というのは、発音と意味をつなげることができた後、それを行動に表せるようになった後に発現するものである。よって今まで、発音による言葉のインプットについて中心的に述べてきたが、ここでは、意味を理解した後ということを前提にしていると考えて読んでいただきたい。

具体的に掘り下げて説明してみたい。ここから先は第二章の内容と重複するところが増えるが、素読の効果を考える上で重要な部分であるので、復習だと思って読んでいただきたい。

本章において説明したい内容を理解していただく基礎として「本学」「末学」という言葉から復習する。これは世の学問を大きく二つの系統に分けた時の分類にあたるものである。現在では学問を二系統に分類するとなると「文系」「理系」という回答を出す人が多い。もちろんそういう分け方もあろうが、現在において「本学」「末学」という言葉が忘却されているその事実も、教育が機能を果たし切れていない結果の一部と言えるだろう。

本学とは、人としての生き方を考えるための学問、末学とは、生きるために必要な収入を得るため、知識や技術を体得するための学問である。当然のことだが、双方の学問を学ぶことが必要である。生きるため、より人間らしく生きるため、この二つの学問系統は外せない。しかし、かつてのわが国においてはその順序が重視された。すなわち、生き方について考える本学を優先し、続いて生きる糧を得るための末学をせよ、と。末学というのは、荒い表現をしてしまうと「どうやって稼いでいくか、そのための知識・技術を獲得する学問」ということになる。よって末学に偏重することで稼ぐことは可能であり、またさらに物質的な富を蓄積していくことは可能であるかもしれないが、それのみに重点を置いてしまうことになる。よって財を成すことが目的化してしまう。得た富を自分の生き方に照らしていかに使うか、という考え方にも及びにくい。「食っていくために」ということばかり考えるようであれば、禽獣《きんじゅう》と変わらない。よって本学の順位を上にしていたのである。

いかに生きるかを考えることによって、自分の成すべきことを知り、社会の中でどう役割を果たしていくかを具現化していくことができる。もちろん、本学だけでは餓死してしまう人格者ということにもなりかねないので、末学も必須である。両者をバランスよく学びつつ、しかし本学を芯であるととらえるというわが国の伝統的な教育に関する考え方であり、教育勅語においても次の箇所においてこの考え方が顕著に示されている。

（教育勅語についても復習となるが、先述の内容よりもやや掘り下げて詳しく説明する）

「徳《とく》ヲ樹《た》ツルコト深厚《しんこう》ナリ」

（徳を深く重視して社会を構築してきた）

「世世《よよ》厥《そ》ノ美《び》ヲ濟《な》セルハ此《こ》レ我《わ》カ國體《こくたい》ノ精華《せいか》ニシテ教育《きょういく》ノ淵源《えんげん》亦《また》實《じつ》ニ此《ここ》ニ存《そん》ス」

（歴史の中で〈徳を大事にするという〉美しさを継承してきたのは、わが国の素晴らしいところであり、教育というものの根底部分をここに確認することができる）

これに続けて十二の徳目が発せられている。教育勅語は本学を認識し、それを実践することの重要さを説いていると言えよう。

「本末転倒」を正すために生まれた教育物語

このように、徳性を育てる本学をまず先に、というのがかつての社会通念であったため、末学に没頭してしまうことは恥ずべきこととされ、順序が違うではないかということで「本末転倒」といわれた。しかしここで失念してはならないのは、伝統的な教育観が社会通念の中にあり、それが行われていればいちいち言わなくても良いのではなかろうか、ということである。

教育勅語の渙発は明治二十三年。当時の世相を知っておく必要がある。本著の第二章で素読の歴史について説明したが、そこには明治期の教育の変遷について触れた。その部分と大いに関連している。

明治に入り、欧米列強と対峙して国の独立を維持するためには、確かな軍事力やそれを達成するための国富が必要であり、新しい技術を採り入れて産業を興す必要があった。しかも短期間で達成せねばならない。現代を生きる我々は、先人がそれを達成しえたことを知っているわけである。

当時の人たちは欧米の技術や知識を急速に、そして広く国内に浸透させるために教育において技術や知識の伝授に重きを置くようになった。末学の重視である。悠長に本学など学んで「私はいかにあるべきか」という徳性の高い国民を育てるよりも、まずは国の独立のため、産業振興と直接的につながる末学が重きをなすようになるのは自然な歴史の流れと言うべきかもしれない。

しかし、その弊害は比較的早く顕在化してしまう。実に明治十年代半ばからその傾向が報告されるようになるのである。近代教育制度の中で育った世代が寺子屋で教育を受けた祖父母・父母を嘲るような事例が出始め、欧米の科学を万能として神仏や先祖への畏敬の念をなくし、よって自我が膨張して傍若無人の振る舞いをする者が増え、教師にも敬意を払わず、わが国古来の伝統文化を前時代の残滓として忌む、という状況の出現である。

念のために書いておくが、これは平成の世の中のことを言っているのではない。明治十年代半ばの話である。あたかも昨今のことを記しているのかと見紛うほどである。こういった当時の切実な危機感が本学回帰の必要性を再認識させ、教育勅語の渙発へとつながっていくのである。

先ほど、教育勅語には十二の徳目が示されていると書いたが、それは次のとおりである。

一、父母《ふぼ》ニ孝《こう》ニ

（親には孝行を尽くそう）

二、兄弟《けいてい》ニ友《ゆう》ニ

（兄弟・姉妹は仲良くしよう）

三、夫婦《ふうふ》相和《あいわ》シ

（夫婦は互いに仲睦まじくしよう）

四、朋友《ほうゆう》相信《あいしん》シ

（友人同士は信じ合おう）

五、恭倹《きょうけん》己《おの》レヲ持《じ》シ

（自分の言動を慎むことを知ろう）

六、博愛衆《はくあいしゅう》ニ及《およ》ホシ

（多く人に慈愛の心を以て接しよう）

七、學《がく》ヲ修《おさ》メ業《ぎょう》ヲ習《なら》ヒ

（勉学に励み、技能を体得しよう）

八、以《もっ》テ智能《ちのう》ヲ啓發《けいはつ》シ

（知識をさらに伸ばそう）

九、徳器《とっき》ヲ成就《じょうじゅ》シ

（徳の器を大きくしよう）

十、進《すすん》テ公益《こうえき》ヲ廣《ひろ》メ世務《せいむ》ヲ開《ひら》キ

（自分から社会のために尽くそう）

十一、常《つね》ニ國憲《こっけん》ヲ重《おもん》シ國法《こくほう》ニ遵《したが》ヒ

（法律・規則をきちんと守り、秩序に従おう）

十二、一旦《いったん》緩急《かんきゅう》アレハ義勇《ぎゆう》公《こう》ニ奉《ほう》シ以《もっ》テ天壌《てんじょう》無窮《むきゅう》ノ皇運《こううん》ヲ扶翼《ふよく》スヘシ

（日本に危機が迫ったならみんなのため勇気を奮って尽くし、わが国を永遠に栄えさせよう）

こういった徳目を改めて国民に示さねばならなかったのである。

先の大戦での敗戦後、戦勝国から軍国主義の元凶として教育勅語がやり玉に挙げられ、やがて占領下の国会で教育勅語の失効が議決されるに至る。私自身、自分が受けてきた学校教育の中で「国家に都合のよい国民を作り、軍国主義の日本を作るために教育勅語が出された」と習った。

自分が義務教育課程で歴史に関わる部分を学んでいたのは、戦後四十年以上が経過していた時点であったが、（当時、偏向教育が著しかった広島県という点もあるが）教育勅語の内容について語られることはなく、ただ「ワルイモノデス！」「イケマセン！」という教育論調であった。読者の中にも同様の経験を持つ方が多々あると思う。

戦後七十年を経た今、この教育勅語ワルモノ論に依拠するアレルギーはかなり緩和された。示された徳目を読んで本気でこれはけしからんと思う人が果たしてどれほどいるのだろうか。広島市議会議員の八軒幹夫氏が広島市議会で教育勅語を読み上げて、その精神を教育の中で重視することを説いたことがあるが、八軒議員が議員として政治活動を継続している現状は、先述のアレルギーが消えつつあることの証明かもしれない。また八軒議員から聞いたことであるが、教育勅語に否定的な議員に対し、その名を出さずに徳目を現代語訳で語ったところ「ええことを言うとるのう」という反応が返ってきたそうだ。

これも復習となるが、戦後教育の出発点には、GHQによる敗戦国統制の意図があり、わが国が再び戦勝国に歯向えないようにするためにいかに弱体化させるか、という点が最重要課題であった。その中で教育勅語が失効して教育基本法へと置き換わった。

戦後教育の出発点にあったGHQの意図と教育勅語の否定は直結している。教育勅語で示されているような日本人を戦勝国は望まなかったのだ。実際、この戦後、教育勅語をひっくり返したような社会状況が出現していないだろうか。

憲政史研究者の倉山満氏が「逆教育勅語」という言葉で歪んだ戦後日本の教育観を指摘しておられた。教育勅語の逆とは、父母に孝行してはならない、兄弟は仲良くしてはいけない、夫婦喧嘩は絶やさぬようにせよ、友達など信用するな、慎みなどいらない、自分のためだけに行動すれば良い……といった具合に、教育勅語の徳目を転覆させた内容のことで、聞けば一瞬笑ってしまうが、しかし笑えない現実が現代の日本にあることにも気付いてしまうようにも思う。

しかし本著の稿を進めている中で、またしても教育勅語への逆風が生じた。関西のある学校法人が私立小学校開校までの過程について疑念を提起され、また同法人内での不正経理や保育園・幼稚園事業における補助金詐欺などを行っていた疑いで摘発されたのである。いわゆる「森友問題」である。

この森友学園が運営する幼稚園で教育勅語を素読させていたことから、なぜか議論の矛先が不正が指摘されている部分ではなく、この園の教育方針に向かい、教育勅語が「有識者」と称してコメンテーターの役目に座る人たちに非難される状況となった。発言に責任を持っていただきたいので実名を挙げるが、教育評論家を自称する尾木直樹氏に至っては「この問題の本質は、教育勅語を教育の場で使っていたことです」と断言していた。続けて「憲法違反です」とまで言っていた。

私立幼稚園でもあり、保護者はその教育方針を理解して入園させているという前提から、公共の福祉に反しない範囲で教育方針は自由であるはずだ。教育勅語はすでに戦後の国会で失効決議がなされているが、失効した後にその役割は教育基本法が受け持つようになったわけで、失効した後にこれを読んでも憲法違反にはならない。念のために法律家に意見を求めたが「教育勅語を教育で使用するのは憲法違反ではない」との見解であった。

森友問題の本質は、法律に抵触する部分であり、その部分は粛々と処断されればそれで良いと思う。しかしどうしたことか、右翼的でけしからん教育方針である、という方向の議論ばかりになっていった。残念なことである。また、小学校開校にあたっての土地取得や認可についてその経緯に疑念が向けられ、政争の具としての様相を呈し、国会は連日その問題ばかりを議論していた。この部分については管轄自治体や捜査機関の対処すべきところで、国会という場で延々とこの「問題」を取り上げることに、私は違和感ばかり感じてしまう。

私はこの法人を「良い教育を行っていたのだから許してやってほしい」とはまったく思わない。不正経理などの刑事案件については然るべき手続きを粛々と進めて処断されるべきだと思っている。ただ、不正経理をしていた法人であるから、その幼稚園で使用していた教材も不適切である、というのはまったく論理が飛躍していて話にならない。

しかし現実としては、ネガティブなイメージとともにメディアが日々拡散した「教育勅語」という言葉の影響だろう、内容を知るまでもなく「教育勅語⁉ あっ、それってなんかヤバいやつでしょ」という人が激増した。残念だがこれが実情だ。私が指導している範囲においても「森友学園と同じ教材を用いるのは不適切である」という意見が生じたこともある。残念ではあるが、少し時間をおかねば教育勅語についての冷静な議論は期待できそうにもない。

さて、話を戻す。本学については、修身や道徳といった表現を用いてその習得機会を示すことが明治以降にあったのだが、現実として道徳教育を否定する勢力は長く戦後教育界に存在し、またその勢力は現在において弱まったとはいわれているが隠然としてその影響力を行使している。日教組である。道徳を思想信条の押しつけであるとして抗い、個人の自由意思を重視するという。

現在、道徳教育が公教育において重視される流れがあるが、その中においても道徳教材を配布しない、あるいは配布しても自宅に持ち帰らせないように回収するという抵抗を展開している。日教組の教育観にはまったく賛同できない私であるが、その分析や批判は本著の主旨ではないのでここでは詳説を控えたい。

個人の自由意思というのは優しい響きであるが、それは結果としてとめどないカオスを出現させるだけではなかろうか。私たちは社会的存在としての人間として生きている。社会秩序を守ること、道義を弁《わきま》えることにより社会が保たれ、そして人間の居場所がそこにある、という関係性が成立している。政治体制や法規を現状のまま維持しろと言っているわけではなく、社会という枠組みの中で人間が生きている以上、それを維持することを通じて人間の幸せが具現する道を採るべきであると私は考える。

社会秩序が個性を押し殺すという人もいるが、そもそも個性というのは社会の中でメリットがあると認められた部分だけを個性と表現しているのである。「鼻くそをほじくって迅速に人へ付着させる能力」だとか「延々と人に罵声を浴びせて精神的に病ませることができる能力」などは個性とはいわない。

ある歌手の歌を引用するのでファンの方には申し訳ないのであるが、盗んだバイクで走ってはならないのだ。夜中、学校に侵入してガラスを割ってはならないのだ。自分の大事なバイクを盗まれて困っている人がそこにいる。ガラスの破片を掃除する人がおり、税金によってガラスを修復せねばならない現実がある。

人の間と書いて人間と読むように、人と人が相互に存在できる場所（国語においては場所のことを「間」と表現することがある）を担保しているのが社会であろうと思う。人間が社会的な存在である以上、自存の場所を破壊するような行為は道義的に許されない。相互の永続的な関係性が維持できないような行為はご法度であり、それは個性でも能力でもない。

ここのところが納得できないという人はジャングルの中、一人で暮らすのが一番幸せなのではないかと思う。

本学の否定は社会の否定でもあり、人間を動物状態へと誘うものである。本学をいかに修めるか、先人たちが心を砕いてきた部分を「自由」「個性」などという言葉に流されて看過してはならないと思う。本学あっての人間、人間であるための本学である。

素読は直接的にではないが本学につながる部分が非常に大きい。

素読による名文・名句のインプットは「型を学ぶ」こと

ここで「型にはまること」の大事さと「型が存在しない領域に踏み込む大事さ」について、それを素読の効果とつなげて話をしたい。

「守破離（しゅ・は・り）」という言葉がある。わが国には茶道・華道・香道などのいろいろな「道」という言葉を組み込まれた芸道・武道があるが、その習得段階や師弟関係を表した言葉がこれである。まずは範たる師匠の技能をそのまま飲み込み、再現できるようにする。これが型の習得であり「守」の意味するところである。その段階を経て、続いて派生できるところを自分で見出していく。これが「破」である。「離」というのは過去の習得に立脚しつつも自分なりに新しい型を編み出していく段階のことである。

この章では素読の二次、三次的な効果を説明するとしたが、素読によって名文・名句を発音によりインプットするという一次的な効果も、型を学ぶこと、すなわち「守」という段階である。型を体得するところから次の発展が生ずるのであって、いきなりその下地や土台がないにもかかわらず「オレ流」を披瀝するのは未熟さを露呈する結果になることがほとんどである。創造性を重視する、個性を尊重する、ということともまったく対立しない。創造性であれ、個性であれ、型を体得した人間にのみ発揮できうる「破」「離」のステップだからである。

古典の意味を知ることを通じて、人間社会のいろいろな実像や虚像を歴史という軸とともに学ぶことができる。古今の社会の有り様やそこに存在した人々を学ぶことで、そこに人間としての普遍のもの、不変のものがあるのを感じ取ることができるだろう。時を経ても変わらない人間の本質というものであろうか。

『論語』において孔子が説く人の在り方は、現代社会が求めている理想とほとんど同じであろう。『平家物語』に見られる栄枯盛衰は、寸分違わず現代の流転する社会に当てはめられるだろう。『太平記』に見られるように、利を求めて多くの人間が動いてしまうことやその中で義を貫くことの難しさ、しかしそれができる人物の崇高さ、これらも現代と変化がない。

ある古典の解説を読んだ時、そこに「驚くほど現代的な当時の社会の有り様、人々の考え方が描かれている」という表現をした方があった。この表現は（やや穿った見方であるが）、現代というのは最も進歩した時代であり、そこから時代を遡るほど退化しているはずだ、という前提に立脚しているように感じた。

しかしそうなのだろうか。思うに、人間という生き物は自分で思っているほど進歩していない、精神面において。よって私の考え方だと先ほどの解説は「やはり当時も今も、人の考え方や社会の有り様はさして変化をしていないということが分かる」となる。こういった感覚が「歴史は繰り返す」という認識にもつながっているのだと思う。

確かに生活環境は激変している。わが国において、という前提で考えてみると、食べ物にありつくことがやっとだった時代は去り、医療技術は進展して寿命は大きく伸び、娯楽は増え、情報通信機器が発達して大量の情報が瞬時に届くようになり……と。科学技術の進歩に伴う生活環境は驚くほど変化している。しかし、それを以てして自分たちが大きく進化したかのような錯覚を覚えるのは誤りであろう。

確かに技術を蓄積して不可能を可能にしていったのは人類の歩みに相違ないが、それとて先人から受け継いだ蓄積の上に成立しているものであり、現代人が突如として技術を進歩させたわけではない。長い長い蓄積の歩みの一コマを果たしているのである。

だいぶ前の話になるがテレビで『ＪＩＮ―仁―』というドラマを見た。最先端の医療技術を駆使できる脳外科医がタイムスリップして幕末の日本で暮らすことになる、という話なのだが、非常に感慨深いシーンがあった。主人公である脳外科医が、幕末にタイムスリップしてからそこで医療行為を行う際、何もできない自分の存在に気付く、というところだ。現代では当然のように存在している医療器具が何ひとつない。そういった環境の中に置かれて初めて、先人たちの試行錯誤の努力の上に医療器具が発達してきたことを痛感し、ただ自分の存在ひとつを名医だと思い込んでいた自分を恥じる、という展開であった。

人間を「個」という存在でとらえた場合、身体能力が劇的に変化しているわけでもなく、人類の何千年という歩みを経てなお戦争を完全に抑止することもできていない。テレビを視聴するにしても、自分がテレビの機械としての仕組みを理解しているわけではない。リモコンがなかった時代のテレビを原始的だと笑ったとしても、リモコンを開発したのも自分ではない。スマホを使ってさまざまな情報を得ることができるようになったが、人間が一定時間で処理できる情報の量が激増した様子はない。むしろ大量の情報に接するようになってそれを取捨できず、情報を活用するどころか情報に使われている人も多々あるではないか。

自分は、人間として、個人として大きく進化している存在ではない、と気付いた時、何の魅力も感じなかった古典がいかに素晴らしいものであるかを認識できるようになる。「愚者は経験に学び、賢者は歴史に学ぶ」という名句があるが、まさにこれが古典を通じて本学を学ぶ核心的な理由である。自分のみの経験に頼って人や社会の在り方を導こうとするよりも、先人たちの膨大な経験の集積たる歴史を学ぶことで、普遍・不変のものを自分なりに考え、自分の生き方に反映していくことができる。

型を破るために古典の中から気概を学ぶ

古典を学ぶことは先人の経験を学ぶことである。例えば『論語』の一節に次のような箇所がある。

（白文）子曰、其身正、不令而行、其身不正、雖令不従。

（書き下し）子《し》曰《いわ》く、其《そ》の身《み》正《ただ》しければ、令《れい》せざれども行《おこな》わる。其《そ》の身《み》正《ただ》しからざれば、令《れい》すと雖《いえど》も従《したが》わず。

（現代語訳）先生がおっしゃいました。自身が正しくさえあれば、命令をせずとも人々は行動してくれる。自身が正しくなければ、いくら命令しても人々は従ってはくれないのだ、と。

（『論語』子路第十三より）

孔子は二千五百年前の人物であるが、この訓《おし》えは古臭くて現代に通用しないなどと思う人はいないだろう。また、これは未来のことなので断定などできないのであるが、二十三世紀くらいになると信頼できない人の指示であっても進んで従う人間が増えたので、この訓えは意味を成さない、ということにはならないと思う。

こういった言葉を通して先人の蓄積を自分の糧とすれば、人の在り方、人間との接し方の「型」を得たのと同義であり、非常に効果のある研鑽となろう。

続いて、型が存在しない領域に踏み込む大事さを古典から学ぶ、ということを説明したい。ただしここでいう型とは今まで論じてきた、人としての在り方、生き方の「型」ではなく、技術や知識といった面において成熟し、安定しているものを「型」として考えていただきたい。

この説明にあたり、まずは拙著『日本人ＯＳインストールガイド　～賢い子供、堂々とした日本人の育て方～』の一節を引用したい。

現在の教育における大きな欠陥のひとつに「必ず準備された正解がある」という部分がある。もちろん、足し算にはひとつの正解があり、光合成を行うのは葉緑体であると決まっているのであり、それはひとつの学問の在り方に相違ない。ただ、正解が定まっていると

いうことは、誰かが過去にその学問を究めてそれを正解として定めたわけだ。それは先駆者の軌跡をたどり、先駆者の定義したものを復唱している、ということにもなる。

小惑星探査機のはやぶさの開発と運航に主幹的に関わった国立研究開発法人宇宙航空研究開発機構（ＪＡＸＡ）の川口淳一郎さんの講演を拝聴したことがあるのだが、次の趣旨のことをおっしゃった。

「現在の教育は正解をひとつと定めてそれを答えるように設計されている。しかし正解があるということはすでに誰かが研究済みの分野であるということだ。それを続けている以上、わが国は二番であることを求めているのと同じで一番にたどり着けない。二番じゃだめなんだ。二番目というのは研究開発の分野では最下位と変わらない。一番を目指してほしい。だから正解のない学問に取り組んで新しい分野を開拓してほしい。正解を出したことに安住して二番に留まらないでほしい」

わが国においては「二番じゃだめなんでしょうか」とマイクを持ってパフォーマンスまがいに堂々と言ってのける「政治家」もいるわけで、正解後追い型の学問に安住しているのは国民病と言えるかもしれない。

型を体得することは大事なことであると先述した。しかしそれは普遍・不変のものを求めてそれを体得するということの重要性についてのことであり、問い掛けに対していつも同じ回答を準備して待っていよう、ということではない。

引用した文章からご理解いただけたと思うが、わが国の学問の現状として正解か不正解かで判定される事項ばかり扱い、結局のところ学問というのはそういう性質のものであるかのような印象を与えてしまっている。しかし、川口先生が指摘しておられるように正解と不正解がある学問というのは、すでに先人により踏破された領域であるということである。となれば、過去の蓄積を反芻しているということになり、新たな分野に踏み込んだことにはならない。正解か不正解かを誰かから判定されないような領域に入ることが、先人の蓄積の上に新たな積み増しをしたことになる。

よって、これにおいてはまだ見えない部分に挑戦していくということが求められるのであるが、すでに見えているものを確認することばかりに慣れてしまうと新たな層を蓄積させることができなくなる。これは技術立国日本の危機であるとも言えよう。

そこで、果敢に新分野を開拓していく「気概」というものが必要になるだろう。先に「守破離」という言葉を説明した。「守」は伝統的な型（技能）を忠実に体得すること、「破」は「守」を満たした上で新しい工夫を植え付けること、「離」は「守」「破」を満たした上で、新たなる自分の流儀を確立させていくことをいう。「守」が基底部分にあるのでここは大前提であるが、しかし、旧来の方法を忠実に体得して繰り返すだけでは進歩がない。よって、新しい展開を期して未開拓の分野を開拓していくことが必要となる。未開拓である以上、道は存在しない。試行錯誤の連続である。

気概とは何か、気概がどういうプラスの作用を及ぼすのかという点については橋本左内の『啓発録』に詳しい。吉田松陰の『士規七則』も良いだろう。遡れば『太平記』における楠公の気概にも学べよう。もっと遡れば『孟子』からも気概の奮い立たせ方を学び取れる部分がある。古典の中から歴史の偉人たちの挫折や栄光を学ぶ中で、挫折から立ち直る気概、理想に邁進する気概などを学ぶことができる。

なんだ、精神論か……と思われるかもしれないが、型を破るには大きな気概がその原動力になるのであって、その原動力がないがゆえに型のある範囲で安住してしまうのだ。

素読は「なぜ人は学ぶのか」という学力向上の根本を育てる

続いて知育に及ぼす素読の二次、三次的な作用を考えてみたい。「徳育」という言葉が以前より重視されるようになり、「徳育」「知育」という言葉が列記して用いられる場面も多々ある。「徳育」が「本学」に、「知育」が「末学」と同様の概念を含んでいるように思う。この両者は別箇に孤立するものではなく、一体化して人を大きく成長させるものであると思う。

ここでもまた拙著『日本人OSインストールガイド　～賢い子供、堂々とした日本人の育て方～』の一節を引用したい。

学力を上げる……という話をすれば、良い先生、良い教材、良いカリキュラム、良い環境……などいろいろなものが思い浮かぶと思います。例えば算数が苦手なので、学習塾でオプション講座を受講するとか、新しい参考書を購入するとか、そういう方法があります。これはいわば「科学的な教科学習」です。

科学という物事を分解して分析するプロセスです。子供の人格的なもの・学力的なもの……のうち、学力向上のためにまず「学力的なもの」を抽出する。続いて伸ばす必要がある教科を把握する、その教科における既存の弱点を確認する……という分解作業の最終段階として「〇〇くんの算数の得点が伸び悩むのは、割合や百分率の分野が苦手であるからだ。またそれは、二桁の数を三桁の数で割る割り算が不得手であるからだ」と分析されれば、あとは「二桁の数を三桁の数で割る割り算」をトレーニングする、という方法を採るわけです。考え方としては西洋医学的なところがあり、局所的な療法を行うのが「科学的

な教科学習」です。もちろんこの方法を否定しているわけではありません。

ただ、かつて学習塾に勤務していた頃に痛感したのは「科学的な教科学習」のその前に、自律する心を持ち、きちんと自己管理を行い、その上で自学・自習が行える児童はうまく伸びていく……ということです。

小学校で過ごす時間、塾で過ごす時間は少ないわけではありませんが、学力をしっかり定着させていくのは自習です。学校や塾はトレーニングの場ではありますが、そこで定着までさせようとするのは少し都合が良すぎる考え方です。最終的には自習する中で学力を定着させ、上積みしていきます。

うちの子は自学・自習が苦手だから、塾に任せて、塾でいろいろな講座を受講して長時間塾で勉強させる……というのは本末転倒です。まず先にすべきことは、自律心を育てて自己管理ができるようにする、ということです。それもできない状態で「科学的な教科学習」に子供を漬け込むのは、パソコンにＷｉｎｄｏｗｓが入っていないのにＥｘｃｅｌをうまく使いこなしたいと考えるほどに愚かなことではないでしょうか。

それでも希望の中学校に入学させたい、希望の高校に合格させたい……と思うのが親心なのかもしれませんが、塾で受け身の姿勢のままで勉強をし続け、スキルとしての学力を身に付けた子供は、特に進学校に入学した場合、もう入学直後からついていけなくなります。徹底した自己管理が求められる進学校のカリキュラムにおいては、自学・自習ができない生徒はお客さん状態となるのです。その時点で学校に対して「フォローが足りない」と不満をぶつけたり、何とか状況を打開したいと考えて塾に通わせたりするのは、土台からして間違っています。そういう付け焼刃的な方法を続けても「僕は何をすればいいの？準備してよ」という受け身の指示待ちの性格を作り、しまいには就職先まで親に決めてもらう、就業先でのトラブルを親に解決してもらう、という思考回路の大人になってしまいます。

素読教室では古典を素読して古人の心や生き方を学んでいますが、これは一見すると成績が上がるような要素ではありません（国語の成績に関しては素読を始めて比較的早い時点で伸育が見られる場合が多々ありますが）。

しかし、自律・自立への道筋を子供たちの心に育てていくという意味において素読は極めて大きな力を発揮し、それは人格的な成長と同時に、それをベースとして学力も伸びていきます。広島まほろば学習会（注：私が以前に主宰していた事業体名）はいわゆる「偏差値」で表現できる範囲の学力を上げることを主目的として活動しているわけではありませんが、素読によって得られるものは「科学的な教科学習」よりももっと根本の部分で子供の心を支える糧となります。

勉強が忙しくて心の強さを伸ばす云々には付き合えない……という考え方もあると思いますが、これは「木を伐るのに忙しくて鋸の刃を研ぐ暇がない」「走行するのに忙しくてガソリンを給油する暇がない」と言っているのと同じくらいおかしなことであると思います。ただ教科の学力だけ伸ばそうとすれば、一瞬成功したかに見えることがありますが、長期的には必ず失敗するでしょう。学びのベースとなる心を作る……ということを忘れてはならないと思います。

古人は人格を磨く学びを「本学」と呼び、教科学習を「末学」と呼んで、必ず本学がまず先にあり、その上に末学を重ねていきました。これの序列があべこべになった状態を「本末転倒」と呼びますが、現代日本の教育が「本末転倒」の状態にあるのではないかと感じてしまいます。

独学で学習した時でも学力が高い、すなわち知育に成功している状態は、徳育によって育てられた精神性に裏打ちされている。指導者がいないと勉強が進まない、というのは常時お尻を叩かれていないと学びに価値を見出せないということでもある。学びに価値を見出すためには「なぜ学ばねばならないのか」という部分を自分自身に落とし込んでおく必要がある。また、引用文中にもあったように、自学・自習を進めることそれ自体に自律する心を要する。怠惰な方向へ、安逸な環境へ、という心を自分で制御していかねば自学・自習は成立しない。

なぜ学ぶのかということを考えるのも、自分を制御する術を得るのも徳育の範囲であり、本学によって得られる内容である。素読によってインプット済みの言葉がフル稼働して思索を支え、その個人なりの考えを導く。

古典の中には「なぜ人は学ぶのか」「学ばないことによりどうなるのか」ということを論じたものが実に数多くある。先賢の言葉を通じてその考えを受け取り、自分の考えを立脚した上での骨格にすることができよう。知育はそれ単体でその効果を最大限に発揮することはできない、ということを強く認識しておきたい。

感性が豊かなのは成績上位クラス

続いて感性の話をしたい。

感性を鍛える、感性を豊かに……と言うと、心理的に抵抗感を持つ人が多少ある。心理的なコントロールを受けるのではないかと誤解したり、あるいは「理性が優先であって感性は自然に任せる」という意見を強く信じたりしていることに起因しているのだろう。しかし私は感性が子供の教育の上で極めて重要な要素を占めていると強く考えている。

かつて進学塾に勤務していたことがあるのだが、そこでは中学受験対策のために学力別のクラス編成をしていた。私は複数クラスの国語を担当していたが、成績（いわゆる「偏差値」で評定されるもの）が上位のクラスのほうが確実に感性は豊かであった。

ウルフルズというロックバンドの『あそぼう』という歌に「よく笑い　よく泣き　よく怒り　よく考え　よく見て　よく聞く」という歌詞があるのだが、まさに上位クラスにはそういう雰囲気があった。逆に下位クラスほど、無表情・無反応である場合が多く、休憩時間などに本気で遊んでいるのは上位クラスで、わずかな時間の間にいろいろな新しい遊びを開発することも往々にしてあった。塾の備品や自分の筆記用具を思わぬ方法で遊び道具に転用して楽しんでいるので、思わず見入ってしまうことが何度もあった。

これは上位クラスの生徒が、常に鋭敏で豊かな感性を持ち周囲からいろいろなものを受け取り、その上で「思う」「考える」という段階に達しているからだろうと思う。感性というのは、あらゆる事象の受信アンテナだと解釈すると分かりやすい。要は、そこが身の周りのいろいろなことを受け止めなければ、次のステップである「思索する」という段階までたどり着かないのだ。

感性のアンテナが鈍れば、すべては単調でつまらないものに感じられ、学校の勉強も完全に「やらされている」という受け身の姿勢になってしまい、「不思議だ」「何故だろう」という気持ち自体が生じることもなく、ましてや自発的に「知りたい」「学びたい」という心理にもたどり着きにくくなる。

では、感性はいかにして研ぎ澄ませて豊かにしていくか。これにはふたつの要点があると思う。まずひとつ目はホンモノを体感させること、続いてふたつ目は古典の中から先人たちの感じ方を教えること。ここでは後者について説明をしたい。

古典を読めば、先人たちが美しい景色をどう感じたか、どういう状況で感動したのか、という記述がいくらでも述べられている。まさに先人たちの感性が言葉で記されているわけだが、まずはそれを知るだけでも十分なプラスだ。「こういうものを見聞きして、このように思った人がいる」という、先人の感性を紹介していくということだ。自然現象を見てこういう和歌を詠んだ人がいる、苦労の連続の中でこういう心の持ち方をした人がある、という事例を示せばよい。

もちろん「これと同様の感じ方をしなさい」と導くのは愚の骨頂である。古典を通じて感性の事例さえ与えれば「自分もそう感じるなぁ」「いや、自分はそうは感じない」といったように、そこから先はその個人が自分の感性で受け取ればよいことである。「なるほど、そういう見方、感じ方があるのだな」と知ることがより鋭敏な感性を育てていく。

本章の冒頭にて述べたように、素読の二次的、三次的な効果は言葉の意味を知ることによって達成しうる内容であり、発音のインプットから時を経て達成されるものである。しかし、できるだけ早い時期に多くの発音インプットを成立させておくことによって、やがて後により多くの言葉を理解するようになるわけで、素読という段階を踏まずして多くの言葉を得て、それを自分の血肉とし、自分を支え、自分を律する糧とすることは大変困難である。また、本章によって「なぜ古典を題材とするのか」という点についてもご理解いただけたのではないかと思う。

素読に対する否定的な見解とそれへの反論

素読はわが国において事実上、絶滅した状態にあることはすでに述べた。またその経緯についても説明した。よって読者諸氏は明治維新や先の大戦における敗戦が教育全般の大きな路線変更を生じ、その中で国語教育や素読も無傷でいることはできなかった、ということはご理解いただけたと思う。

しかし、しつこいようだが一度絶滅した方法である。深く経緯を知らなければ、効果がないから廃れ、そして絶滅したのだろう、と。むしろそう考えるのが自然であろう。

また、戦後教育の手法にどっぷり浸かってしまった私たちは、すでにそれを教育の標準形として意識しているために、そこにない選択肢に異質さを感じ、ついにはそれを否定してしまうということにも至る場合が往々にしてある。何が言いたいか。素読に対する否定的な見解は実に強烈であるのが実情なのだ。

ここでは私が過去において遭遇した素読に対する否定的な見解を列挙し、それに対する反論を記していきたいと思う。これ以前の章にて論述した内容も多く盛り込んでいるので、復習感覚で読んでほしい。

■子供がかわいそう

（子供に無理をさせている、子供に苦痛を与えている）

私が主催する国語（素読）教室を静止画や動画で記録し、国語（素読）教室を紹介するために一般に披露することがあるが、プライバシー保護の問題があり、個人の顔が分からないようにしている。よって、表情が分からない。すると「これはつらいはずだ」という批判者の価値観や経験などをベースにした想像をされる。しかし、教壇に立っている私が位置的に一番よく分かるのだが、参加児童はほとんどの時間を笑顔で過ごしている。声を出すこと、知らない言葉を提示されること、友達同士で声の大きさや記憶力を競うこと、これらはみな「楽しい！」と感じさせる要素なのである。

現場に来てもらえれば受講者の表情や生き生き感が分かるのだが……（そもそも表面的な部分だけで素読を否定する人は現場に来ようはずもないのが難点である）。

では、すべての児童が楽しんで素読をするか、というとそうではない。だいたい一割を超えない程度の割合で「素読が嫌いだ」という児童もいる。これは「算数が苦手だ」「音楽はいやだ」「水泳に行きたくない」「英会話はいやだ」という児童があるのと同じである。すべての子供が例外なく楽しみながら学べるような教育手法など現実的にはない。素読については「楽しい」と感じる児童の割合はかなり高い。

また、国語の学習は幼年期から特に注力すべきであり、嫌がるからやめておく、とするのはその子供が長じた後の能力を考えた時に無責任であると言わざるをえない。子供が嫌がるから歯磨きはさせない、とはならないのと同義である。

■子供らしさを失わせている

（子供の自由を奪っている、子供の自主性を削いでいる）

まず「子供らしさ」とは何であろうか。これは個々の価値観が作り上げる像であるために、価値観が異なれば「子供らしさ」の意味にも相違が生じる。幼い頃から素読を通して古典に親しむのは、私なりの「子供らしさ」なのである。無邪気に笑顔で遊ぶ姿、万象に好奇心が旺盛である様子などが「子供らしさ」と考えられやすいところだが、それと素読は相反しない。子供は好奇心を持って言葉の発音を吸収していく。

また、単にかわいらしさだけで「子供らしさ」を大事にすると、長じた後にどうなるのだろうか。「お前は幼稚だな」「いつまで子供じみた考えのままなんだ」と叱咤されるのがオチである。誰かの価値観に基づいて「子供らしさ」を強調することを、私は教育の役割だとは思わない。

子供の自由、子供の自主性……よくいわれることであるが、幼児の段階から自由や自主性を重んじると、単に動物状態の人間に育ってしまうだろう。残念なことであるが、戦後のわが国の教育が過度に自由を尊重し、その結果として「ご立派な大人」がたくさん育ったのではないだろうか。

■言葉の意味を教えない教育に価値はない

（発音と意味は同時に教えるべきだ）

これは完全に戦後国語教育レジームだと思われる。

戦前の、特に江戸期より前の初等言語教育は素読が中心であったこと、また今なお外国の初等言語教育は素読を用いているのである。すなわち、言葉の意味を教えるという、私たちが「標準」だと思っている国語教育こそが特異であると言えるのだ。無論、多数派が優れているとは限らないが、長い歴史の中で素読が国語教育の中心をなし続け、また国が違ってもこの方法が採用されていることは効果が確かであることの証明であると受け取れるだろう。もともと幼年期の言語習得は文字や意味によって確立するものではなく、音のインプットによって成立している。意味の理解を伴っていない。

幼児が「パパ！」という言葉を習得し、パパに対して発音したとしても、パパという言語の意味を分かっているとは言えない。だからといって幼児に「両親のうちの雄性配偶子を供給し、また扶育に関する責任を果たしている者のことをパパというのだよ」と教えるだろうか。意味については長じた後に生活の中で体得していく。これこそが生きた意味の体得であり、むしろ発音と意味を必ずセットで教えねばならない、という方法こそが幼年・初等教育に向いていないのだ。

■どうせ教えるなら日常で使用できる現代語のほうが良い

（古典は現代社会で役に立たない、意思伝達にすぐに使えるような言葉を教えるべき）

日常生活での言葉は日常生活の中で習得できる。ビジネス用語は仕事の中で習得できる。教育機関ではわざわざ教室に子供を集め、プロの教育者が教えるわけであるので、日常では習得できないような言葉こそ、そこで教えるのが好適である。古典の言葉を日常で活用する機会はほとんどないが、日常で活用できる現代語と違い、古典は時代の変化に耐えて生き抜いた言葉なのである。その言葉自体に価値がなければ歴史の中で消滅したはずだ。現代語は百年の後に続いている保証はまったくない。淘汰を生き残った言葉が古典なのであるから、もうその事実だけで価値があるのである。

古典はつまらない……と思われがちなのは、文法ばかりを教える方法によって生まれた感情であると思われ、そこにある考え方や先人の生き方を古典の言葉によって教えられると感動さえ湧き出ずるものだ。

実用重視、という考え方を否定しはしないが、実用的なものばかり習得してどうするというのだろう。スキルの塊のような人物に育たないだろうか。実用的な知識を大量に記憶していることは、人格的な厚みであるとか、滲み出る教養とは違う次元のことである。敬意を受けるような人、滲み出るような教養を持つ人というのはむしろ、何の実用にもならない、何のビジネスにもならないような知識を蓄えて生き方に反映させている人ではないかと私は思う。

■幼児に古典は早すぎる
（中高生からで良い）

中高生から古典を始めること、しかもほとんど文法指導に傾倒し、結果として生徒に古典を忌避する心情を植え付けてしまう現状こそ憂うべきであろう。学習指導要領の改定により、現在は小学校でも一年生から古典が導入されている。

坂井一郎氏の研究によると言語吸収が旺盛になるのは八～十一才となっている。ただ、八才くらいになると何かにつけて「自分のやり方」が確立しており、そこからそれまでに経験していない素読を始めるのはなかなか難しいことである。これはわが子に素読をさせたい、と思うようになった親が直面する障壁である。よって未就学段階から素読によって古典に慣らしておくことで、就学後の効果がより高まりを見せるのだ。

中高生から古典を始めるというのはあまりにも遅い。小学生からでも遅い。幼児期からが適期であると考える。

■押し付け、詰め込み教育のように感じる
（子供の意思に反した教え方だ）

詰め込み教育は必ず悪である、という考え方についてこそ再考する必要があると感じる。

誤解を恐れずに言うならば、教育というのは偉大なる押し付けである。箸を使いなさい、服を着なさい、トイレで排便しなさい、食事の前には手を洗いなさい、これらはいずれも押し付けである。押し付けによって社会規範を体得させ、詰め込みによってデータベースを増やす。大きなデータベースが存在することが、次の段階として思考力を充実させることへとつながる。

また、幼い頃は子供の好きなようにさせる（子供の意思のままにやりたいことをやらせる）のが良いという意見もあった。これは以前に広まった「三才までは一切叱ってはならない」という教育論の影響を受けているようにも思うが、やりたいことだけをやらせたらその結果がどうなるか考えてみてほしい。

■素読による押し付けで子供の思考力が低下するはず

（物事を自発的に考えることができない子供が育つ）

まったくの誤解である。適切な語彙のインプットを経て思考力が育つのだ。私は言語をOSとして認識している。言語はコミュニケーションツールに過ぎないという意見もあるが、同時にOSであり、思考を深め、自己管理を管理する機能を有している。時として暴走を制止し、停滞から脱却させる起爆剤ともなり、また安定装置としての役割も果たす。

生涯で一番多く会話する（言葉でやりとりをする）相手は自分自身である。より高度な自己管理や思考の昇華には語彙が多く存在している、という前提が必要だと思う。

こういった絵を描け、と言っているのではなく、絵の具の種類を増やし、過去に描かれたいろいろな絵画を示すのが素読の役目。ある色とある色を混ぜて新しい色を作り、どんな絵を描くのか、は子供の自由である。

例えば適当なイラストを描くにしても、自分が過去に見たイラストがデザインのベースにあるのではないだろうか。オリジナルに見えるようでも、データベースにあるものを抽出してアウトプットしているのだ。神がかり的な天才でもない限り、まったくのオリジナルというのはなかなか創れない。あるいは創るにしても時間と労力がかかる。例えば何か文書を作成する際、過去に作成した類似文書をベースにして、必要箇所を変更することで新しい文書を制作することがあるだろう。各種の文書ファイルが増えれば増えるほど、短時間で新しい文書が制作できるようになるのだ。

よって、完全なるカーボンコピーの出力をするためではなく、データベースを充実させてそれを活用する、まさに「考える」作業をするためにインプットをしているわけだ。かの湯川秀樹博士も「創造力は大量の系統立った記憶があって初めて生まれる」という内容を自著『創造的人間』の中に著しておられる。逆に、データベースも増やさずに、自由な考え方を、自由な発想を、自由な表現で、などと子供に求めるのは大変に残酷な話である。

類型化してそれぞれに反論を添えるとこういった具合となる。もちろん、意見をくださることはありがたいことで、現状で素読がどう受け取られているのかをよく認識することができる。また、何らかの教育論や実務経験をお持ちの方からの意見も多くいただく。

様々な教務方法があるのは良いことだと思う。素読は極めて有用な言語教育方法だと思うが、しかし良い方法は多く存在するに越したことはなく、素読以外は有用ではない、などということはありえない。

しかし、ただ単に批判したいだけ、自分の経験にはないという理由だけで否定するというのは残念なことである。素読に対する批判に対し、では具体的にどうすれば良いか、という私からの問いかけに「まずは素読をやめるべき」という反応をした方もあったが、現状の国語教育を改善したいと思って素読を提案しているわけで、とりあえずやめろ、と言われても建設的な具体論も示せない方からそう言われて従うことなどあり得ない。

良き次世代を育てるため、具体論で語ろうではないか。

第六章

素読の方法

具体的に素読を進めるにあたっての二十箇条

ここでは素読の具体的な方法について述べる。この章の内容については次章にも要約したものを掲載しており、二十点ほど掲載した素読教材を素読する直前にはそちらを参考に読んでほしい。ここでは素読を進めるにあたっての具体的な方法とその効果、論拠について二十箇条ほど述べたい。

まずポイントだけを列挙すると次のようになる。

■第一条　可能であれば複数人数で同時に読む
■第二条　素読をリードする役を決めておく
■第三条　立腰《りつよう》の姿勢を作り、腹式呼吸で発声する
■第四条　あえて意味を考えずに素読に集中する
■第五条　繰り返し読む
■第六条　日をおいてから再び読む
■第七条　耳のチカラを重視する
■第八条　「正確さ原理主義」に陥らない

■第九条　素読する人の年齢や識字について考慮して読み進める
■第十条　唱歌についてはメロディ付きのものも歌ってみる
■第十一条　暗唱できたか確認してみる
■第十二条　読む環境を工夫する
■第十三条　習慣化するために素読する時間帯を明確にする
■第十四条　ねばり強く継続して最低一年は続ける
■第十五条　頭が回転している状態で素読する
■第十六条　子供と取り組む場合は大人がきちんとリードしていく
■第十七条　その空間の環境を最適にし、そこにいる者はみんな素読する
■第十八条　大人の感覚である「難しい」を封印する
■第十九条　単語の羅列も素読してみよう
■第二十条　幼児に素読させるのであれば声色をいろいろ変化させてみよう

それではこれらのポイントについて詳細な解説を加えていきたい。

■第一条　可能であれば複数人数で同時に読む

これはその個人の環境によって難しい場合もあろうから絶対に強制するものではないが、一人で素読をするよりも人を集めて素読してみてほしい。

次章にある素読教材掲載ページをコピーしていただくとか、拡大して掲出するなどして複数の人で同時に読めるようにする。そしてリード役を設定してお手本をリード役に任せてリード役の後に続いて読むか、共に同時に発声して読む。単独で素読するよりも複数で声を響かせたほうが盛り上がる。

また、複数で声を響かせることで自分の読み方の誤りに気付いたり、声の大きさを競ったりすることで楽しい雰囲気を作ることができる。特に子供に素読させる時は親と一緒に。親は子供の発達の様子や暗唱の速さを確認できることにもなり、また子供はより良いお手本に沿って読むことができる。

■第二条　素読をリードする役を決めておく

複数人数で素読を推奨したが、その場合、リード役を設定して素読のお手本を示してもらいつつ読み進める方法と、参加者全員で素読する方法、輪読するという方法がある。

輪読というのは、複数の参加者が自分の読むパートを決めてバトンリレーのように読む方法のことである。この方法で素読をして効果がないわけではないが、この方法であれば自分が読む順番まではずっと黙って聞いていることになり、発声する機会が少なくなるために素読の方法としては特に勧めない。輪読は文意について複数の参加者で同時に考え、語り合う時により有効な方法であると思われる。

となると、リード役を設定するかどうか、ということになってくるのであるが、私はぜひこれを設定して素読してもらいたいと思う。大人だけの素読であればリード役なしでの一斉発声でも良いのだが、子供がある場合はリード役がお手本を示してあげるのが良い。また、大人がメインではあっても、一斉に発声して読み進めると特に長文を素読する場合はペースが崩れやすい。リード役があればペースメーカーとしても機能する。

リード役には多少の技能が必要であるが、大変難しいことを習得せねばならないわけではないので、それほど恐れることはない。大人たちが素読する場合はリード役を輪番にしても良いし、家族で素読する時はお父さんとお母さんが日替わりでリード役を務めるという方法もある。

リード役の役目としてはペースメーカーとしての機能を先述したが、実はそれは重要な部分ではない。一番大事なのは、うまく文章を区切って素読しやすくリードすることである。例えば以下に『太平記（巻一）』の内容を記載する。なお、ルビはすべて現代仮名遣いにて表記した。

「爰《ここ》に本朝人皇《ほんちょうにんこう》の始《はじめ》、神武天皇より九十五代の帝《みかど》、後醍醐天皇《ごだいごてんのう》の御宇《ぎょう》に当《あたり》て、武臣相摸守《ぶしんさがみのかみ》平高時《たいらのたかとき》と云《いう》者あり。」

（※明治期に行われた皇位継承の再確認の作業の結果を受け、現代では後醍醐天皇は九十六代とされている）

リード役はまずこのすべてを通読して発音を示し、まずは耳で文章の全体像を意識させる。ただ、始めから終わりまで通して一気に参加者が素読するには長い。よって通読してお手本を示した後には適度な長さに区切って読み、ひとつのかたまりの終わり目に「ハイ」と声をあげてそのかたまりの素読を促す。

区切り方についてはその素読に参加している人の年齢層にもよるが、低年齢の子供がいれば文字が読めないことを前提にひとつのかたまりを小さくせねばならない。ここでは例として小学校三年生くらいであれば無理なく素読できる分量を想定して区切りをつけてみた。次のとおりである。なお「◇」のある部分が私の設定した区切れ目である。

「爰《ここ》に本朝人皇《ほんちょうにんこう》の始《はじめ》、◇神武天皇より九十五代の帝《みかど》、◇後醍醐天皇《ごだいごてんのう》の御宇《ぎょう》に当《あたり》て、◇武臣《ぶしん》

相撲守《さがみのかみ》◇平高時《たいらのたかとき》と云《いう》者あり。」

文字が読めない年齢を想定した場合は次のようになる。

「爰《ここ》に◇本朝人皇《ほんちょうにんこう》の始《はじめ》、◇神武天皇より◇九十五代の帝《みかど》、◇後醍醐天皇《ごだいごてんのう》の◇御宇《ぎょう》に◇当《あたり》て、◇武臣相撲守《ぶしんさがみのかみ》◇平高時《たいらのたかとき》と云《いう》者◇あり。」

予め文章にチェックを入れて区切り目を設定しておくのも良いが、素読をリードしてみて、ついてこれそうなら長くする、そうでないなら短くするというような臨機応変の対応であればより良い。

そして「ハイ」の掛け声も重要である。リードされる側は「どこからどこまでが区切りのなのか（一回で読むのはどこまでなのか）」ということが分からない状態である。よって区切りの最後に「ハイ」と声をあげ、それを合図にそのかたまりを素読させるのである。

例えば次の部分を素読させるとする。

「爰《ここ》に本朝人皇《ほんちょうにんこう》の始《はじめ》、◇神武天皇より九十五代の帝《みかど》」

これについてリード役は「爰に本朝人皇の始、ハイ！」とリードし、参加者はハイ以前を読むということになる。ハイが発声されなければついていく側は切れ目が分からず、まだリード役が先へ読み進めるのかと思ってしまう。よって切れ目は特に快活な大きな声で「ハイ！」と発声して参加者の素読が円滑になるようにしてあげるのが良い。

厳密に言えば、切ったほうが良いところ、切らないほうが良いところはあるわけだが、それは文章それぞれによって違うのでここで解説を始めればこの拙著が一万ページあっても足りず、またリード役は難しい……という感覚を持たれるのも本意ではないので、まずは読みやすそうなところで区切ってほしい。

■第三条　立腰の姿勢を作り、腹式呼吸で発声する

立腰というのは哲学者・教育者である森信三氏が提唱した姿勢とそこから波及する自律性を伸育する方法である。姿勢の面だけに着目すると、私たちが学校で始業時や終業時に「姿勢！　礼！」という掛け声の「姿勢」の際のかたちを想定してほしい。背筋を伸ばしている状態である。立腰指導だけでひとつの教育理論が成立するほど重要なものであるが、本著の性質上、ここでは最低限の説明に留める。

立腰は「腰骨を立てる」というかたちを示している。腰骨というのは医学的・生物学的

には存在しない言葉であるが、読んで字のごとく腰の骨・腰のあたりにある骨のことであり、医学的には腸骨やそれに連なる骨と考えるのが妥当である。腰骨をいつも立てて曲げないようにすることによって、自己の主体性の確立をはじめとした人間形成を実現する方法として立腰指導がある。

素読するだけであれば寝転がってでも、猫背の状態でもできる。しかしより良い発声で意識を集中して行うにあたり、立腰の姿勢を強くお勧めしたい。腰骨を立てることにいかなる意義があるかということは、古来より経験則で知られており、武道や禅などにその実践例を見ることができる。

意識を高くし、集中して素読することで発音によるインプットもより効率的になるし、素読をする時は立腰するという習慣をつければ、日常生活においても良い姿勢を保持する習慣がつきやすくなり、また何かに集中して取り組む時に立腰のかたちをつくり、かたちから集中力を高めるという結果を招くこともできる。

姿勢を改めることで意識を改めることができるのは読者も経験があると思われる。立腰のかたちが続くことがひとつの理想である。ＹｏｕＴｕｂｅのＫＡＺＵＹＡチャンネルで知られるＫＡＺＵＹＡさんなどは常時立腰の方であり、やはりこの姿勢が常時できるように目指したいと思わせてくれる。その一方、それをすぐに達成するのは難しい人もいる（私もその一人である）のも事実である。素読が終わった後にはたればんだのようになっても良いから、その分、素読している時は立腰の姿勢でいてほしい。また、その心機を改める効果を期待して素読の前と後で「礼」をすることも勧めたい。複数で素読する時は互礼にて、一人の場合は文章に敬意を示して素読する文章に頭を垂れる。

立腰の姿勢と関連するのだが、素読は腹筋を使った腹式呼吸でしっかりとした吸気量を確保し、ハキハキと大きな声で行うようにしたい。立腰の姿勢は腹筋が動きやすくなる姿勢であり、よって腹式呼吸がしやすい姿勢でもある。

腹式呼吸というのは腹筋を使って呼吸をする方法のことで、音楽の時間に習ったという方が多いのではないかと思う。個人的には国語もきちんとした発声で読みたいものであるので、国語の時間にも腹式呼吸の練習を導入してほしいと思っている。国語ｗｏｒｋｓ広島の国語（素読）教室参加者の傾向からすると、およそ五割の方が腹式呼吸を自然に体得している。

まずは現時点で腹式呼吸ができているかセルフチェックしてみよう。特別な機器などは必要ない。一番初めに両手をじゃんけんの「パー」の状態にして腹に当ててみる。これによって腹（腹筋）の動きを確認する。続いて呼吸によって腹がどう動いているかを両手の感覚で探る。息を吸う時に腹は出たか、凹《へこ》んだか、あるいはまったく動かないのか、息を吐く時はどうだったか。もしも息を吸う時に腹が出て、吐く時に腹が凹んでいればすでに腹式呼吸ができている。

その逆（吸う時に腹が凹み、吐く時に腹が出たというパターン）もいただろう。これはいわゆる肩の呼吸（胸式呼吸）である。腹式呼吸では十分な吸気が得られるために呼気がしっかり確保でき、発声が安定し、大きな声を出しやすいために肩の呼吸であった人はぜひ腹式呼吸を体得してほしい。それほど難しいことではない。

腹式呼吸のトレーニングにあたっては空気を食べ物だと思ってほしい。食べてしまうと（＝息を吸うと）腹に食べ物がたまって膨らむ。腹が減れば中身が空になって（＝息を吐くと）凹む。できていない場合はまず意識して腹式呼吸における腹筋の動きを行うことだ。吸っても腹が膨らまなければわざと下腹部（腹筋）に力を入れて腹を出す。吐いても凹まなければ両手で腹を押さえて凹ませる。こういったことを意識して続けていると、やがて自然に腹式呼吸ができるようになる。

先述したように素読というのは朗読のように読み方の技巧を必要とするものではないので、高度な読みの流麗さや正確さを求めてはいない。しかし、まったくでたらめな発音であれば素読にもならない。また。発音することを通じて国語の発音の特性についてもよく体感してほしいと思う。就中《なかんずく》母音をしっかり発音する国語の特徴については響きの美しさともつながるので意識したい点である。母音をしっかり発音するためにはある程度の呼気量が必要とされ、その際に腹式呼吸が生きてくる。

すべての店員さんがそうではないのだが、コンビニエンスストアなどに入ると「ラッシャーセ」と、店を出ると「アザーッシタ」という異国の言語であるかのような発音を聞くことがある。息を深くしないために子音ばかりが強調された発音になる。これの善悪を語るわけではないが、いつでもこの発音では困るだろう。子供のうちから腹式呼吸で深く呼吸することを通じて母音をしっかり発音できるようになってほしい。

母音をしっかり発音することを通じて腹式呼吸へと誘導するという逆ルートの方法も有効である。その方法を説明するために次の和歌を用いる。

「花のかを　風のたよりに　たくへてそ　鶯さそふ　しるへにはやる（『古今和歌集』より紀友則）」

（はなのかを　かぜのたよりに　たぐえてぞ　うぐいすさそう　しるべにはやる）

この初句である「はなのかを」を「はぁなぁのぉかぁおぉ」と声に出して読んでみてほしい。母音をわざと強調した方法であるが、より呼気量が多く必要であることが分かったと思う。また「かぜのたよりに」は「かぁぜぇのぉたぁよぉりぃにぃ」と発音してみる。この方法は母音を強調することを通じて国語の響きを認識できると同時に、呼気量の要求によってより深く息をする必要が生じ、それが腹式呼吸を誘発していくのである。この発音方法は私が勝手に「母音強調法」と名付けて呼んでいる。

これとは別に母音法という発音方法もあり、それに近似した効果を得られる。母音法とは国語を明晰で耳に美しく響かせるための発声方法のことで、劇団四季がこれを採用して台詞《せりふ》の練習をしていることで知られている。これは先述の方法とは異なり、台詞の子音をすべて外し、母音だけで発声するという方法である。この方法で先ほどの和歌を読んでみると、結句の「しるべにはやる」は「いうえいあう」となる。

もちろんこの方法も効果が大きいが、母音のみを抽出するのに戸惑う人もいるため、まずは母音強調法から始めるのが良いと思われる。せっかくなので何かの名文から抽出したフレーズを使いたいところであるが、自分の名前や住所でも良い。「八戸市　藤嶋るみ子」であれば「はぁちぃのぉへぇしぃ　ふぅじぃしぃまぁるぅみぃこぉ」となる。

この方法はそれほど時間がかかるわけでもなく、特殊な技術が要求されるわけではないので、毎日やってみることを勧める。また、素読を始める時にまずこの発音方法から入るのも良い。

素読は習慣化して長期に亘って継続していきたいのである。するとそこで発音している方法は自然と身に付き、日常でもそれを使用していくようになる。よって発音の方法についてはよく注意しておきたいものである。

■第四条　あえて意味を考えずに素読に集中する

子供が素読に向いているにはいくつかの理由があるが、そのうちのひとつに「意味を求めようとしない」というものがある。加齢によって徐々に意味を求める傾向は強くなり、小学校中学年くらいでそれが顕著になる。それ以前の段階ではただ発音しているだけでもう本人は満足であり、そこに意味の理解が欠落しているということを気にしていない。

もちろんこれは人間の発達段階において未成熟であり、不完全な状態であるからこそそうなるのであるが、しかしその不完全さは素読にはプラスに作用する。身もふたもない言い方をしてしまうと素読というのはある意味、不完全な言語習得方法である。意味については教えないし、文字でどう表記するかも教えない。ただ、重要なのは不完全な相手に完全な方法を適用できないということである。その発達段階に応じた適切な方法があり、よって音声のみ入力するという方法が有為なのである。素読を進めていくにあたってはむしろ意味を求める心が強くなりすぎるとそれは支障になってしまうのである。

　それはなぜか。素読では多くの題材を古典に求めているが、古典である以上、大人でも素読してすぐに意味が分かるということはほとんどない。しかし大人は意味を求めたがるため、意識がそちらに傾倒し、素読の声量が小さくなっていったり、意味を考えながら上の空で素読したりしてしまうのである。素読を中断してインターネットや古語辞典で意味を調べようとするのは本末転倒の極みである。

　意味を調べるなとか意味を知るなと言っているわけではないが、素読に際しては発声が第一である。その障壁ともなる「どういう意味だろう」という意識を振り払って素読をすることでより充実した素読の効果が得られるのである。

■第五条　繰り返し読む

　反復学習の重要性についてはすでに各所で指摘されているが、素読においてもそれは同様である。ひとつの素読教材は何度も繰り返し繰り返し読んでほしい。音で刻むのが素読であるから、よりはっきり刻むには繰り返しが必須である。私たち現代日本人は同じ文章を何度も繰り返して声に出して読むという習慣がないので、最初は違和感を持つ人が多い。

先に例として示した『古今和歌集』の紀友則の歌を再び挙げてみる。

「花のかを　風のたよりに　たくへてそ（たぐえてぞ）　鶯さそふ（さそう）　しるへ（しるべ）　にはやる」

これをまず十回素読してくれ、というだけでずいぶん面倒な指示を受けた気持ちになる人もいるかもしれない。ただ、これを十回素読したところでさして時間がかかるわけではなく、著しく体力を消耗するわけでもない。何回以上読まねば効果が出ない、という基準回数や基準時間があるわけではないのだが、まずは繰り返し声を出して読むという方法に慣れてほしい。

また、リード役が設定されている複数人数での素読の場合、繰り返しの回数を重ねていくにつれ、リード役は区切れ目を減らし、徐々に一回で発声する音数を増やしていくのが良い。「私は記憶力が悪いんですよ」という方であっても、この方法を使うと案外早く文章を記憶してしまうことに気付くと思う。ましてや吸収力に優れた子供であればなおのことである。

■第六条　日をおいてから再び読む

前段で紹介した繰り返しと重複する部分もあるが、一度に繰り返し読むだけではなく、時間をおいて再び読むことによって記憶の補強を図ることができる。これは読みっぱなしを避けてほしいということである。一度扱った教材は一度きりしか読まなかったという状態をできるだけ避けるとともに、一度に多く反復することに加えて、日をおいて反復するのも効果が上がる。

具体的な方法を三つ挙げてみる。例えば覚えたい和歌を五つ選定する。これを以下に和歌Ａ・和歌Ｂ・和歌Ｃ・和歌Ｄ・和歌Ｅとする。

□毎日繰り返し素読する方法
和歌Ａ・和歌Ｂ・和歌Ｃ・和歌Ｄ・和歌Ｅのすべてを毎日繰り返し連続して読み続ける。

□毎日一首を集中して素読する方法
初日に和歌Aを、二日目に和歌Bを、三日目に和歌Cを、四日目に和歌Dを、五日目に和歌Eを、日付ごとに対象をひとつに定めて読む方法である。一巡したら和歌Aに戻る。よってこの事例で言えば四日間をおいて同じ和歌を反復することになる。

□毎日一首ずつ積み重ねて素読する方法

初日に和歌Aを、二日目に和歌Aと和歌Bを、三日目に和歌Aと和歌Bと和歌Cを……と日を経るに連れて素読する対象を積み増していく方法である。五日目にすべての和歌を素読し終え、六日目に五日目と同様に和歌Aから和歌Eまでをすべて素読して定着度を確認する。

このようにいろいろな方法がある。工夫次第で方法はさらに増え、楽しくゲーム感覚で素読していくことができるようになると思う。自分に合った方法を採用したり、開発したりして、より素読の効果が出やすくなるようにしたい。

■第七条　耳のチカラを重視する

素読においては教材に表記されている文字を目で追うことを必須だと考えている人も少なくないが、文字が読めない子供でも素読が可能であるということは、聴覚に頼って素読をすることも可能であるからである。乳幼児期を想像すれば分かりやすいが、すべて耳から言葉をインプットしている。文字が読めるようになっていくと文字からのインプット量が増えていくのだが、素読においては耳の感覚を重視することをお勧めする。

これはリード役が存在する複数人数での素読において可能なのであるが、あえて教材を見ない……すなわち文字に頼らないようにして、音の感覚だけで素読してみてほしい。この際、リード役だけが目を開けて文字を読んで（あるいはリード役が素読対象の文章を暗記して）リードし、他の人たちには目を閉じさせる。こうすることで文字が読める層であっても文字と隔絶される。

実際に私が素読をリードしていて感じるのは、聴覚を優先してインプットするほうが大人においてもより言葉を刻みやすいということだ。文字と隔絶されることによって聴覚のみに頼らざるを得なくなると、より集中してお手本を聞き取らねばならない。自分が発音する時に備えてより正確に聞いておかねばならない。

目を開けて文字を見ている時と比較すれば良好な緊張状態となり、より強く言葉を意識できる。私が素読をリードする時に教室前方から目を閉じてお手本の発音だけで素読をしている参加者を見ると、その表情から実に興味深いことが分かる。まず大人は明らかに聞くことに集中する表情に変化する。中には思いつめたような表情で傾聴する人もある。小学校中学年から高学年の生徒もほぼ大人と同様である。小学校低学年以下になると目を開けている時とほとんど表情が変化しない。もともと文字が読めない（あるいは文字に強く頼らない）子供は目を開けようが閉じようが聴覚だけで素読していたわけで、表情が変化しないのは当然かもしれない。

ただ、文字を理解している学齢層であっても小学校低学年では音声インプットをメインにしているために表情が変化しないのだろう。この学齢ははじめから文字をスラスラと読めるわけでもなく、文字に頼るよりは耳に頼るほうが確実だと思っているように感じられ、よって文字がない状態を支障だと感じないのだろう。

文字を見る方法、音だけに頼る方法、その双方を体感して自分でその効果の相違を感じるのが一番良いだろう。

■第八条　「正確さ原理主義」に陥らない

「正確さ原理主義」というのは私の造語であるので説明しておく。

古典の読み（発音）にはいろいろな解釈があり、同一の文章の同一の単語でも人によって読みが違うことは往々にしてある。漢文の書き下しについてもいろいろな読み方をすることがある。書き下すというのは漢籍の白文《はくぶん》を読むにあたっての日本人の大きな発明であるが、外国語を国語風にアレンジして読んでいるのが書き下しの本質であるから、そもそも「誰が書き下しても同じ文章が完成しました」ということのほうがあり得ないのである。

有名な孟浩然《もうこうねん》の『春暁』の中に次の一節がある。

「花落知多少」

これを書き下して表現したものに私が知っている範囲でも「花落ちること知る多少」「花落ちること知んぬ多少ぞ」「花落ちること知りぬ多少ぞ」などがあり、また「多少」については「たしょう」「いくばく」という読み方をすることがある。

英語の和訳結果が同文を和訳したものであっても一字一句が同一ではないのと同じことであり、もとより「正しいもの」を定めて統一する方法もなく、そもそもそんなことをする必要性自体がないと思う。

論語で多く見られる「子曰く」についても「しのたまわく」と「しいわく」の双方の読みが日本語にはある。これについては接触頻度が高いこともあってか、よく「どちらが正しいのですか」と質問を受ける。これはどちらを使用しても問題ないのである。正しいとかそうでないとかの分類ではなくて、それを使用して支障ない、という結論である。

もともとこれは漢籍である。よって日本語として書き下して日本語の読み方で読んでいること自体が間違いであるということもできよう。では、孔子の時代の中国大陸における言語と現在の中国の言語の発音が同じであると仮定して、中国語とか北京語と呼ばれる中国の普通話（プートンホァ）で「子曰」を発音したものが正しいのかというと、これもあくまで仮定の上の話であって何の確証もない。

日本の古典についても同様で、私たちが原典だと思い込んでいるものの多くは写本である。現在のようにコピーするとかスキャンするという方法が使えなかった時代にあって、文字を追ってひとつひとつ視写してたわけである。誤りがまったく生じない保証などない。視写する人間にも当然主観があり、視写の作業の中で「この原文はここを書き誤っているな。自分が修正しておこう」と別の表記に変更することも有り得る。実際に私は「まほろば」という言葉を子供の頃にずっと「まぼろし」の書き間違いであると思っていた。

わが国の城郭建築には天守（天守閣）という高層構造物があるが、これを建築するようになった期限を辿る場合には、「天守」という言葉が古文書の中においてどの時代に登場するのかを探るという方法がある。しかしこれを実際にやってみると「主殿」という言葉にも出会う。主殿とは御殿のような平屋建築を指し、大名の生活の場として、また政庁として使用された御殿の中でも主たるもののことを主殿と呼んでいる。戦国時代後期あたりの古文書には「天守」「主殿」という言葉が混在して見られ、書き誤りではないかと思われるものもある。要は「天守」と「主殿」を勘違いして書いた人がいて、さらに後世の文書で書き写す際にその人の主観で書き替えたものがある可能性もある。こうなってくると正確な天守の起源を知りたければドラえもんによるタイムマシンを待たねばならず、現時点では学者それぞれが集めた情報によって、最終的には主観による推察をする以外にないのである。要は完璧な正確性を求めるのが土台無理なのだ。

正しいものを素読したいと思う気持ちは分からなくもないが、そもそも正しいものが存在していない、また誤ったものも存在していない状況でそれをするのは不可能である。ここにとらわれていては集中して素読することができない。まずは眼前の読み方ないし自分が好きな読み方で読めば良い。

■第九条　素読する人の年齢や識字について考慮して読み進める

素読の方法に関しては基本、筋さえ押さえていれば「絶対にこの方法を適用せねばならない」というものはないのであり、むしろ素読する人の年齢や習熟度によって変更したほうが良い点がある。ここでは主に幼児を対象とした話をしたい。

変更したほうが良い点、それは「区切り方」である。俳句のような短い音数のものにしても、『平家物語』のような長編ストーリーでも、幼児であれば必ずリード役が必要であるが、このリード役が「どの程度の音数を一度に読ませるか」を相手の水準を考えつつ調整するとうまくいく。

例となるものとして次の俳句を挙げたい。松尾芭蕉が『おくのほそ道』に記している俳句である。


「五月雨《さみだれ》を　あつめて早し　最上川《もがみがわ》」


これを二才児と小学二年生とに素読させるにあたり、同じ区切り方は成立しない。

まず二才児（ここでは二才半を想定）に素読させるにあたっては次のように区切る。先述と同様に◇を切れ目とする。

「五月雨を◇あつめて早し◇最上川」

これで試してみてうまく素読ができないようであれば
「五月雨を◇あつめて◇早し◇最上川」

でも良い。

小学二年生が相手であればこれが良い。

「五月雨を◇あつめて早し　最上川」

このように年齢によって一度に続けて素読できる量は相違している。もちろん、繰り返して読むうちに長く言えるようになるので、右に挙げた例は初回の素読に際してのものである。

何よりも声を出さないことには素読は成立しない。この俳句の読み方のお手本を示し、いきなり十七音連続で読ませてみても、例えば二才児であれば「五月雨を……」まで言うのが限界だろう。欲張って長い音数を連続して読ませる必要は皆無である。

また、低年齢になればなるほど一概に「何才の場合は……」と言いにくいところがある。二才児の例を挙げはしたが、これは二才半くらいの幼児を想定した。実際には二才になったばかりの二才児と来月で三才になる二才児はまったく別の生き物である。よって同じ二才児と言っても同列に扱えず、男女の性差や家庭環境によっても大きな差が出てくるので、リードの仕方については幼年期を対象とする場合、特に注意してほしい。

■第十条　唱歌についてはメロディ付きのものも歌ってみる

素読教材として唱歌の歌詞も適している。明治初期には多くの唱歌が作曲され、教育の場を通じて広く歌われるようになったが、いずれも格調高く、ぜひ覚えておきたい言葉で綴られている。素読の段階ではメロディなしで読めば良いのだが、せっかくメロディがあるものでもあり、円滑に素読できるようになった後で歌ってみることを勧めたい。

大人も子供もメロディを付けて歌ったほうが歌詞を早く暗唱することができるし、またただ素読したものよりもより記憶に定着しやすく、長い年月を経た後でもその記憶を取り出しやすい。また、何よりも雰囲気が盛り上がるのも良い。

幼少時に聞いていたテレビコマーシャルのメロディを完璧に歌える人は多いのではないだろうか。広島の人しか分からないネタであるが、広島ローカルのテレビコマーシャルのうち「お好み焼きの徳川」のそれを非常に強く記憶していて、今でも完璧に歌えるのである。あれはメロディがあればこその話だろう。


「サッサッサササとかき混ぜまして　まぁーるくまぁーるく作りましょ　あつあつフーフー徳川で　ふっくらふっくら恵比寿顔　お好み焼きなら徳川で　友達たくさん作りましょー（東洋観光グループ♪）」

（メロディが気になった方はＹｏｕＴｕｂｅの検索窓で「お好み焼きの徳川」と入力すればこのテレビコマーシャルにヒットすることができる）


小学生くらいが帰宅して居間のテレビを見ている時間帯（夕方）にこのコマーシャルは

多く流れていたので、学齢からしてもよりインプットしやすい時期にこれを視聴した人もいると思う。読者諸氏の中には少数ではあろうが「あっ、あのコマーシャル！」と思い出され、私と同様のメロディと歌詞を鮮明に再生できた人がいると思う。かなり強烈にインプットしているはずだ。これを棒読みしていただけであればきっと強くは記憶しないと思われる。論語の素読においてもオリジナルで良いのでやや強めの抑揚をつけると割合早く暗唱が達成できる。

ぜひ良質な唱歌を素読し、メロディを付けて歌うことで吸収力を高めてほしい。

■第十一条　暗唱できたか確認してみる

何度も繰り返し読んでいると文字を見ずとも暗唱して発音できるようになっていく。特に子供はそれが早い時点で到来する。よってそろそろ一部だけでも覚えたかな……というところで教材を見ないようにしてできる範囲で良いから暗唱できたか確認してみるのが良い。この際もボソボソと発声するのではなく、ハキハキと素読してみよう。

それが子供の場合であれば「覚えることができた」という結果が充実感を充足し、自己有能感を刺激してさらに素読を好むようにする動機付けとなる。また周囲の大人が暗唱できたことを褒めてあげればそれだけでさらに自信を高め、いろいろな文章を素読し、より長いものを暗唱してみようというエネルギーになる。

■第十二条　読む環境を工夫する

カフェで仕事をすると新しいアイディアがよく生まれるという話を聞いたことがある。もともと長く会社勤めをしていた私にとって、同じ場所で仕事をし、同じルートを巡って営業活動を行い……という日常が定番だったのであるが、教育専業となってからは国語（素読）教室の開催各地や講演依頼を受けた先を巡る日々となった。教材作成にしても補助教具づくりにしても、青森（七戸）のこども園で、東京や大阪のホテルで、ということが増えたのだが、確かに場所を変えたほうが今までにない発想が生み出せることを実感している。新しい発想に限らず、日常業務であっても環境を変えると実に捗《はかど》ることがある。

素読についてもこれは言えることである。書斎や勉強部屋、居間に限ることはなく、晴れた日には公園で読むとか、気候がよければ川岸で読むとか、いろいろな環境で素読することを試してほしい。集中力が高まることが往々にしてあるのを感じていただけるだろう。いつも決まった場所で読まねばならないということはなく、むしろいつもとは違う環境においてより高い集中力を発揮して読むことができることがあるのは試していただければすぐに分かっていただけると思う。

ただし、人通りの多い場所やいろいろな音が絶え間なく聞こえてくるような場所はマイナス効果しか出ないことも付言しておく。

■第十三条　習慣化するために素読する時間帯を明確にする

何かの取り組みを習慣化させる時、そのためにはさまざまな方法や必要な意識があると思う。意識の面から言えば、これは必要なものであり役立つものであるという意識や、以前と比較してその取り組みによって進歩した自分を実感することなどが挙げられる。方法としては、継続して日々ないし毎週または毎月行うというのがあり、またさらに時間を定めてこれを行うという方法もある。

時間を定めるというのは極めて有効な方法である。規則正しい生活をしていると、いつものペースというものが定着してくる。起床時間、出勤時間、昼食の時間……などなど、だいたい定めやすい業種・職種もあるだろう。そういうリズムができてくると、土曜日や日曜日のような休みの日であっても体がペースを覚えているので、寝坊しようと思っても目が覚めてしまうというケースがある。もちろん、明日は休みだと思って深酒をしたなどの場合を除く。

素読それ自体が、いわば発音を体に覚えさせる要素を強く持っているが、体のリズムの中に「素読の時間」を組み込んでおくことは習慣化に大きく寄与する。

とりあえず気が向いた時に素読してみるか、というのでも、しないよりははるかに良いことであるし、忙しい現代人の生活を素読によって拘束する気は毛頭ないが、習慣化のためにいつも同じ時間帯に素読をするというのは極めて有効である。例えば午後七時から午後七時半は全員で素読をする、という設定を家の決まりごとにするとか、偶数日は朝に家を出る前に論語を十分間素読するとか、設定の仕方はいろいろあると思うので、自分の既存の生活サイクルを考えた上で素読の時間を設定してみてほしい。

また、素読の時間帯を設定する際はできるだけ頭が冴えている時間帯を選ぼう。具体的に挙げるとひとつだけ避けてほしい時間帯は食後である。ボーッとしてしまいがちで素読しても声が大きく出ない、なかなか言葉がインプットできないという状況になってしまう。日々の疲れ具合はその日の行事や仕事の内容によって変化するだろうから、疲れのない時間帯にというのは難しい注文であると思うが、もし追加でひとつお願いできるとすれば（そういう時間帯が定まっている人に限り）、疲労感のない時間帯を選んでほしい。

なお、毎日取り組むのが理想的である。週例や月例より毎日の取り組みとしてほしい。

■第十四条　ねばり強く継続して最低一年は続ける

国語（素読）教室を主催していて感じるのだが、素読ほど短期間で効果を体感することができる教育法も少ないと思う。しかし、これは学問全般に言えることであるが、短時間で成果を出すことばかりを考えて、成果が見えないと判断した場合にすぐに止めてしまうのは実に愚かなことである。これは「機転が良い」とはいわず、ただ単に「堪え性がない」だけなのだ。

特に国語力向上の取り組みは時間がかかるものである。始めた以上、最低一年間は継続してほしい。国語力を構成する要素について語彙力・受信能力・発信能力があると先述したが、いずれも短期に伸ばせるものではない。中学校などでの定期テストを想像してほしい。一夜漬けでテスト前勉強をしたことがある方も多いと思うが、国語は一夜漬けでどうにかなっただろうか。文法問題や漢字問題などはどうにかテスト前に詰め込めても、配点の八割～九割を占める文章読解問題については短期間ではどうしようもないことは体験しておられるはずだ。

進学塾に勤務していた時のことだが、読解力の向上に関するアドバイスを頻繁に保護者から求められた。その都度、具体的な方法についてお勧めし、必ず「効果の発露がすぐに分からなくとも、最低一年間は続けてくださいね」と添える。しかし、九割以上の保護者が数ヶ月以内にそれをやめてしまう現実があった。理由は「効果が得点として見えてこないから」である。そして「別の方法を提示してほしい」と。「もっと早く効果が出る方法を」と。そんな短期間で読解力の向上が図れるのであれば、誰も苦労しないだろう。それほどまでに現実はせっかちであった。ただ、ここで根気よく一年、二年と継続して何かに取り組めた場合はゆっくりと、確実に効果が表れてくる。

■第十五条　頭が回転している状態で素読する

夜遅くまで残業していると仕事の効率が目に見えて低下し、ミスを頻発することがあるというのは経験則として知っている方も多いと思う。これは子供も同じである。最近の子供は多くの習い事や塾通いの中、夜型の生活に陥りがちの面がある。あるいは保護者の不心得で深夜の居酒屋にいる子供もいる。後者の場合は論外であるので特にここでは云々申し上げない。

前者の場合はいろいろな教育の機会を与えたいと思う親心もあり、また周囲が「まだ子供なのにあの忙しさ……かわいそうに」と見ていても、子供本人は楽しんでそれらをこなしていることが往々にしてある。ただ、中には親の自己満足として「自分はこれだけのことを子供にしているのだ」というケースもなくはない。子供の主体性に任せて……と言いつつ、結局は自分が設定した過密スケジュールの中に子供を放り込んでいる家庭を見ることもある。

これらの内実についてこれ以上紙幅を割くことはここでは避けるが、確実に言えるのは、予定を詰め込み過ぎてしまうことにより、能力面ではなく体力面がパンクしている場合はよく見かける。自分が進学塾で国語専任社員をしていた時代は今から十年以上前のことなのであるが、当時すでに小学五年生のクラスで日付が変わるまで起きている児童がその塾のクラスに四分の一程度いた。中学入試をする児童たちの集団であるので、そうでない児童たちと同様に括って全体像を語ることは困難であるが、そういう状況はすでにあったという実例である。

学校の教師からよく聞くことであるが、午前中に寝ているとか、眠たそうにしている児童が以前より多い、と。幼児教育や初等教育に従事したことがある人であれば分かると思うが、本来であれば午前中は一番効率よく子供たちが学びを高めることができる時間であり、そこで頭が回転していないというのは大変に残念であることだ。

素読に関するアドバイスとはずれてしまうが、頭が確実に回転している時間を設けるためには過密スケジュールを整理せねばならない。小学生や幼稚園児であれば自分自身でそれを行うことができないので、保護者が適切に判断をせねばならない。

素読する時間帯の設定やその日の疲れ具合、食事の前後などいろいろな要素があるが、頭が稼動していない、あるいは稼働しにくい状況で素読をすることは避けてほしい。せっかく時間をとって素読をするわけであるから、できるだけインプット効率が上がるよう、頭が冴えている状態で素読をしよう。習慣化するために素読を設定している時間になっても頭が回転していない場合は、少し散歩してみるとか、軽く体を動かすなどして頭に血が巡っている状態を作ってから素読するのが良い。

■第十六条　子供と取り組む場合は大人がきちんとリードしていく

ここで書いた「リード」する、というのは素読の際に発音のお手本を示して区切れ目を設定するリード役のことではない。素読に取り組む姿勢を保護者として先に立って示す、ということである。

最近は子供が親と対峙する機会が減ったと思う。喧嘩するという意味ではなく、親が優しい、物分かりが良いという場合が多く、子供の意見が通りやすい。例外もあるだろうが自分は全体的にそういった雰囲気を感じる。

親を説得するために一生懸命説明する（おもちゃを買ってもらう状況や、何か習い事を始めたい、あるいは辞めたいという場面を想像するとよい）までもなく、親が「あなたがそう思うならいいよ」と返答してしまう。かつて存在していた「物分かりの悪い親」が絶滅しかけている。物分かりの良い親であることが教育に良いことだと勘違いしているようにさえ感じる。

以前に勤務していた進学塾で小学五年生の女子が「親なんてチョろいもんじゃけぇ。私の言うこと、全部聞きよるし」と女子同士の会話で言っていたことを鮮明に記憶している。親が子供の意思の下請けサービスを提供する存在になっている場合が実在するのだ。親が子供と対峙して「これはせねばならないことだ」「それは許されない」という子供への忠告を恐れ、子供との関係に波風を立てないことばかりを求めている。

友達関係の親子という言葉があるが、その最たる事例だと思う。それを理想とする親もいるそうだが、私にはさっぱり意味が分からない。友達同士の関係でどうやって親として指針を示し、訓えを垂れることができるのだろうか。反論もあろうが、私には単なる馴れ合いの関係にしか思えない。

子供との衝突を回避してこれを「子供の意思を尊重した」「子供の考えに沿った」「子供の主体性に任せた」と表現する。もちろん子供の意思を尊重し、その主体性に任せることも重要なのであるが、子供の年齢によってはただ単に保護者として指針を示すという責任を放棄しているだけ、という場合にも該当してしまうだろう。

極端な例ではあるが、子供が歯磨きをしたくないと言ったり、風呂に入りたくないと言ったり、道に落ちている食べ物を食べたい、と言い出したりした場合にそれでも「子供の主体性」に任せるだろうか。そうではないはずだ。そんなことをしては将来困る、それくらいできなくては大人になって苦労する、と思われることを保護者の判断で、やらせたり、やらせなかったりしているのだ。

学習に関することについてもまた同様に考えてほしい。したいと言うのでやらせてみる、したくないと言うのでやらせない、という親は親として機能していないではないか。保護者が「必要だ」と考えたことを子供にはさせるのである。

素読にしても親が継続させる価値があると判断すれば、子供がどう言おうが取り組むのである。素読に楽しんで取り組む子供でさえも「素読したくない」「素読をやめたい」ということはほぼ必ずある。しかしここで親がフラフラしていては継続した習慣として成果を出すことはできず、素読に限らず何でも嫌になったらすぐ辞める、という習慣がつきはしないか。「いやだ!」「ダメです、やりなさい!」という、決して楽しいやりとりではないが、これが必要である場合もあるということをご理解いただきたい。

もちろん子供の年齢が上がれば上がるほど「いやだ」の抵抗も大きくなるので、それで幼児期から素読をスタートするのが望ましい、と先述しているわけである。

これは余談であるが、進学塾に勤務した時に上司からこう言われたことがある。

「子供が通塾を希望したとか、子供が中学を受験したいと言い出して入塾するケースは、どうも中途で退塾したり、入試結果も芳しくなかったりすることが多い。親が中学受験を提案したり、塾通いを勧めたりするほうがうまくいくのだ」と。

教務についても定評があり、保護者からも高い信頼を得ているキャリアのある上司の言葉である。最初はそれがよく分からなかった私であるが、果たしてそれを実感する出来事にいくつも出会う結果となった。

子供の意思で始めた、というスタートは、やがて子供がやめたいと言うのでやめる、という終焉を迎えるのだ。子供からしても「お母さん、僕がやりたいならやれって言ったよね。もうやめることにするよ」という論理が成り立つのだ。中学入試は親が先導するか、子供がそれを言い出した場合は家族でよく相談して保護者の意向でもある、というかたちを作った上で入試への取り組みを始めるのが良い。

■第十七条　その空間の環境を最適にし、そこにいる者はみんな素読する

習慣化する大切さを前段で述べたが、時間帯を定めて読むにあたってはその時間帯は素読に適した環境を整備したい。当然テレビは消す。その時間帯は食事することやお風呂に入ることは避けて家族が揃うようにする。このようにいろいろな環境整備がある。

ここで大事なのは素読に集中できる環境を作るということ。もっと言えば素読に取り組むのが自然である環境を設定するということである。ここで、非常に重要なのはその空間にいる人はみな素読をするということである。誰か素読をせずに別のことをしている人が一人いるだけで効果は大きく低減する。特に周囲の状況にいろいろ関心を示す低年齢の子供であれば特にそのマイナス影響が出やすい。

うちの子は読書をしないんです、どうしたらいいでしょうか、という相談をよく受ける。私が一番最初に返すのはそれに対するアドバイスではなくて逆質問である。「保護者様は読書をされていますか」と。

かなりの確率で「いえ、あまりしていません」という回答がくる。想像してみてほしい。家で読書をするにあたって、親がしつこく「読書しなさい」と言うよりも、読書をしている親の姿を見せるほうが効果的なのだ。

子供を導くにあたって重要なのは、目からの情報である。延々と「読書しなさい」と言い続けるよりも、読書をしている姿を見せることに効果がある。家庭で読書の時間を設定して、その時間になればテレビを消してみんな読書を始める。子供からすれば「こうすることになっているのだな」「こうせざるを得ないんだな」という感覚を持つ。強制しているわけではないが、環境設定というのはこういうことである。

■第十八条　大人の感覚である「難しい」を封印する

大学一年生の時、アルバイトで塾の講師として働くことになった。まずは教壇デビューを前にして、模擬授業を繰り返してアルバイト講師がトレーニングを重ねた。まだ児童の前に出せる水準ではないアルバイト講師の研修に児童を使うわけにはいかない。模擬授業として、生徒がいる教室を模して研修担当社員とデビュー前のアルバイト講師のみで行われ、アルバイト講師は先生役として、また生徒役として授業を形成する。

その時の話である。私と同期採用の男子大学生が教壇に立った。設定は小学五年生・算数であり、単元は「割合」であった。彼はこの模擬授業の冒頭で次のように言った。「この割合という単元は難しいところなんです。ここでつまずいて算数が嫌いになる人がいるくらいです。難しいところだからしっかりがんばりましょうね」と。

彼の模擬授業終了後に研修担当社員が物言いをつけた。

「授業の冒頭で『難しい』を連呼していたけれど、まだ割合の単元を習っていない児童に『難しい』という先入観を与える必要はないです。むしろ身構えてしまうでしょう」と。

私は生徒役としてその模擬授業を受けていたわけであるが、「なるほど！」と強く感じたのであった。割合の単元を難しく感じる生徒が多いのも事実、そこで算数に苦手意識を持つ児童が増えるのも事実である。しかし、大人の側が難しいと思っていることをわざわざ伝える必要はないのである。難しいのだ、という刷り込みが、いらざる学習の障壁となってチャレンジする心を萎えさせてしまうのだ。もちろん「難しい」を発している側は自分の経験から出た親切で言っているのだが、これが結果として親切にならないわけだ。

しかしもっと残念なケースは「これは難しいのでまだあなたには早いです。やめておきましょう」というケースである。この場合は不要な先入観を植え付けるだけではなく、機会それ自体を奪っているのだ。

幼児がスマホをいとも簡単に操作している様子を見たことはないだろうか。幼児はそこに置いてある保護者のスマホを手に取っていろいろといじっている間にいろいろな機能を使えるようになっていることがある。スマホの操作は幼児には難しい、と思っているのは大人だけであって、本人たちからすれば何の苦もなく操作できるのである。

素読においても同様で、古典を扱うことが多いという性質から、これは難しいのでまだやらなくていい、ということを言う人がいる。しかしそれは自分の感覚に過ぎない。それに意味まで教えようとしているわけではないのだ。素読の対象となる言葉が『どんぐりころころ』の歌詞であろうが『易経』であろうが『ごんぎつね』であろうが『平家物語』であろうが、子供からすればお手本を真似て発音さえすれば良いわけで、何の難しいこともないのだ。

この文章は難しそうだからパスしようとか、子供には無理だろうからやめておこう、という感覚は捨て去っていただきたい。大人の感覚は自分自身の成長機会を奪うことがあり、また子供の伸びしろを摘み取ることも往々にしてある。

■第十九条　単語の羅列も素読してみよう

従来の素読の多くはその対象が古典を中心とした文章になっているが、単語の羅列を素読するのも効果的なのでぜひ取り組んでほしい。またフラッシュ（単語や絵を記したカードなどを提示してそれを一瞬だけ見せて発音させる方法のこと。幼児教育で用いられることがある）のように扱えば表記も同時に習得できる。

単語の場合は題材探しが難しいが、次章「素読教材」にも単語の羅列（日本の伝統的な色彩名称）を素読させる教材として挙げているのでこれをひとつの参考にしてほしい。

■第二十条　幼児に素読させるのであれば声色をいろいろ変化させてみよう

私がある素読の講座に参加した時の話、ある古典を延々と素読するのであるが、指導者が一本調子の発声であり、参加していた幼児は発音することもなく、しまいには立ち歩いたり、寝てしまったりしていた。いくら幼児が発音することを好むとはいっても、なんだかつまらない雰囲気だ……と思わせてしまっては続かない。

例えば「では次はお父さんの声で読むよ」と言ってリード役が急に低音の男声の真似をしたり、「宇宙人の声で読もう」と誘って「ワレワレハ、ウチュウジンデアル」のあの発音で古典作品を読んでみたりすると非常に効果があり、退屈そうにしていた子供たちも復活する。しまいには「おじいさんの声で読もう」「ヒソヒソ声で読もうよ」と子供の側から提案してくることもあるだろう。

何にせよ楽しくないことは続かない。声色を変えることを通じて、より「楽しいもの」であるという印象を抱かせたい。

第七章

素読教材

なぜ古典がいいのか

素読という言葉が世間に認知されていない状況にあるのはすでに繰り返し述べたとおりであるが、素読を知っている人もごく少数は存在しており、その方に国語（素読）教室を主催しているという話をするとかなりの確率で「あぁ、『論語』を素読しておられるのですか」という言葉が返ってくる。私は『論語』などと一言も言っていないのだが、反射的に答えているようだ。

これは現在、わが国で素読の普及を目指して活動している団体の多くが（私が主宰する国語ｗｏｒｋｓ広島も含め）、論語を教材として組み込んでいることや、時代劇などで素読のシーンが登場する際に「子曰く……」というフレーズが流れることが多いことに起因しているだろう。実際、『論語』のみを素読する組織も複数実在する。

『論語』は素読するにあたって適度な長さに区切りやすく、また書き下し文の響きも溌剌としており、なおかつやがて意味を理解するようになった際に人生の糧となるような教訓を豊かに示している。そういった点から『論語』は素読の教材として大変お勧めできる。『大学』もまた同様の理由でお勧めである。

『古事記』はわが国の誕生や成り立ちについて描かれており、このグローバル社会にあって日本人としての軸心をきちんと定めるために必読の書であるだろう。『古事記』を一気にすべて素読することは時間的にも労力的にも事実上不可能であるので、ある程度のまとまりごと区切りながら素読して、だんだんと話を進めていくのが良いだろう。

『万葉集』の和歌も日本人的な情趣に満ちており、素読によってインプットしておきたい言葉が豊かに存在する。

『梁塵秘抄《りょうじんひしょう》』『平家物語』『徒然草』『太平記』『養生訓』『おくのほそ道』など、いずれの古典もぜひ素読したいものである。

まずは特に名が知られた古典を挙げてみたが、もうお気付きのように古典のいずれも素読してほしいと思っている。もちろん、古典に限らず、現代文を素読するのも良い。例えば森信三の『修身教授録』は強く勧めることができる。

ただし、基本的な重点は古典に置くことが望ましい。また、文学作品でなくとも古くからの名句を集めたものや四字熟語の羅列など、短文や単語を大量に素読するのも良い。良きインプットを増やすというのが目的であるので、あまりジャンルを狭めずに広く素読の題材としてほしい。ただ、これも繰り返しになるが「すぐに役立ちそうな知識」を求めて素読の題材を探すのは好ましくない。すぐには役立たない可能性が大きいが、人生の糧となるようなもの、自分自身の考えではその価値がよく分からないような古典であっても、読み継がれてきたというただそれだけで読む価値があるだろう。歴史を経る中で常時発生している、言葉の淘汰という風雪を耐え抜いた珠玉の言葉だからである。

現代文というのは保証書のない最新家電製品のようなものである。すぐ役に立つ、時代の変化にしっかり対応している、流行が盛り込まれている。しかし言葉の重みというのは活発に使用されているその時点においては未知数である。今から百年、二百年先にその言葉が使われているかどうか、誰も知らない。言葉としての役目を終えて淘汰されていく言葉もたくさんあるだろう。言葉の価値は歴史によって追認されるのだ。

古典は、目新しくはないものの、熟練した技術が生かされた味のある家具のようなものだと思う。流行っていないが間違いはない。確実に信頼できる価値がある。古典の言葉は長いものでは二千年も生き続けている。価値を認められなければ歴史の中で淘汰され、埋没していったはずだ。すると幾世紀を乗り越えて今に生きる言葉には、私たちが気付いていなくても何か価値があるはずだ、という認識で接することが妥当ではないだろうか。

確かでないものを安直に次世代へ伝えることはできない。子供にこそ本物を、という観点から、本物の言葉とは、と考えた時、それは古典の言葉であろうと私は考える。

中には「この古典のこの箇所は現代の価値観にそぐわないので読ませるのは好適ではな

い」という判断をしてしまう人もいるが、現代の価値観というのは極めて刹那的なものであって、未来にそれが永続している保証はない。また、過去においてこういう価値観があったという事例を示すことにもなり、時代によっていろいろな価値観が存在していることを知らせることは、現代においても異なる価値観の人がいくらでも存在するのだという当然のことを認識させることにもつながる。

また、普遍・不変のものを意識すると同時に、遷移しているものがあるということも理解できるだろう。そうすれば寛容さや柔軟さが育つように思う。また、過去において存在していた価値観が、現在の大勢として肯定的に評価されていなくとも、未来に必要とされることも有り得ることであり、現代の価値観をあたかも絶対基準であるかのように振りかざすことには賛同いたしかねる。

新聞コラムは素読に適さない

素読に適さないと思われる素材をひとつ挙げておきたい。新聞の社説やコラムである。それこそ素読させるのに適している教材ではないか、と思われる方もあるだろう。実際に教育の現場で新聞のコラムを音読させたり、書き写させたりするというケースは存在している。また、新聞社が自らコラム書き写し用のノートを制作・販売している。
これを利用することが良いことだと思っている方が相当な数に上るように実感している。私が国語教育に関わる活動をしている、ということを知った方のうち、何人もの人（親）が「うちでは毎日、新聞のコラムを子供に書き写しさせているんですよ」と言ってこられた。そのほとんどに、良い方法でしょ、という自負が滲んでいた。

まず言及しておきたいのだが、新聞が綴る文章の格調が確実に低下しているということだ。特にコラムなどを読むと、少しきつい表現ではあるが「どこの小学生の作文だろうか」と思うことがよくある。たった十年、二十年前のそれと比較しても文章としての軽薄さは顕著であり、範を示しているような文章であるとは思えないのである。全国紙にせよ、地方紙にせよそうである。

次にメディアの性質について把握しているのかどうかという点。メディアの性質についてある程度の知見がある大人が自分自身で新聞コラムを素読するだとか、書き写したいだとか思うのであれば、特に止めはしない（積極的に勧めもしないが）。

本著はメディア論ではないので、メディアの性質について深く言及することは差し控えるが、インターネットから情報が得られるこの現代、メディアは公正中立であり、不偏不党であるという建前を信奉している人はもう僅少であるとは思う。ただ、もしもそういう方があるとしたら、尚のこと新聞コラムの素読はやめておいてほしい。その新聞社の思想信条が強く反映されているのがコラムであるからだ。

もちろん、複数の新聞のコラムを素読することでバランスをとるという方法もある。例えば、明らかに意見が異なる朝日新聞と産経新聞のそれぞれのコラム、すなわち「天声人語」と「産経抄」を双方素読するというのであれば、片方を素読するよりはいいだろう。しかし、二紙の新聞コラムを素読する時間があるのなら、『論語』などを読む時間に充ててほしいものだ。

新聞コラムを素読するにあたっては以上のように大人でも留意してほしいわけであるが、子供がそれをするのは最初からやめておいたほうが無難だ。お酒と煙草と新聞コラムの素読は大人になってから。すると「あなたは先ほど、古典の中から多様な価値観を知るべしと言っていたのに、新聞コラムをその多様性の中から除外するのは矛盾ではないか」という意見が出るかもしれない。これについて説明する。

古典の言葉は大人が素読したとしてもほとんどの場合、即座に発音と意味をつなげることは難しい。ましてや子供の場合、何を言っているかさっぱり意味が分からないという状況が普通であり、また、インプットした発音を意味とつなげるのに時間がかかる。もちろん、すぐに意味を理解する場合もあるが、既述のように十年、二十年という歳月を経て意味を理解していく。

要はそういった時間の蓄積の中で成長しているわけで、発音をインプットした時と意味を理解した時とでは人間としての成熟度がまるで違うわけだ。となれば、いろいろな価値観と適度な距離を保ち、それを客観視できるようになっていると考える。

新聞コラムは現代語である。すると即座に意味を理解してしまうことになり、冷静に判断が下せない年齢であるがゆえにそれを鵜呑みにしてしまうことがある。そこを危惧するのである。

以上、素読に適したものとそうでないものについて考えを述べた。ただ、現代日本人は古典と隔絶されたところがあるので、まずは大人がいろいろな古典に触れ、子供に素読させるにあたってきっちりと読みをリードできるようになること、そしてその古典の中から何を受け取ることができるのかということを実感してほしいと思う。

素読を体感してもらいたい素読教材二十選

これより先は著者が主宰する国語ｗｏｒｋｓ広島・国語（素読）教室にて使用している素読教材をもとに実際に素読を体感してもらいたいと思う。できるだけいろいろな種類の文章に親しんでいただけるよう、幅広いジャンルのものを二十点ほど掲載する。素読するにあたってより効果を高め、楽しく進めていただきたいので、第六章「素読の方法」の二十箇条をしっかりと確認していただきたい。

付記一　子供が一人で素読することを考え、すべて漢字にはルビを振っている。ルビについては古文の場合はいわゆる「歴史的仮名遣い」にて表記するのが通例であるが、先述の場合を想定して古文に「現代仮名遣い」を使用するという方法を採っている。

例Ａ……お茶の水　　歴史的仮名遣い：おちやのみづ　　現代仮名遣い：おちゃのみず

例Ｂ……よく養生して　　歴史的仮名遣い：よくやうじやうして　　現代仮名遣い：よくようじょうして

付記二　素読をする際、特にリード役の方から「どこで区切れば良いのか分からない」という話をよく聞く。素読は意味の理解を伴わない音読の方法であるが、将来的に意味を理解しやすくするためにアシストするという意味において、意味の切れ目を意識しつつ切れ目を設定するのが望ましい。

例えば「私の現在の職業は会社員です」を区切るとして、切れ目を「◆」で示してみる。「私の現在の職◆業は会◆社員です」という区切り方が適切であると考える人はまずいないだろう。「私の◆現在の職業は◆会社員です」とすれば意味の上でも整理できた区切り方であると言える。適切な箇所で区切ればこそ「現在の職業は」という音のまとまりからやがて意味を推量していくのだが、「業は会」などという区切りをしてしまうと将来的にも意味の理解につながりにくい。素読教材においては解説の部分において「◆」と「◇」を切れ目として示した。この区別については左記のとおりである。

◆……まずはここで区切ることが望ましい箇所を「◆」で示した。

◇……文字が理解できない、あるいはまだスラスラと文字を読めない子供とともに素読する場合は「◆」に追加して「◇」でも区切ると良い。ただし、先述の状況ではない場合は「◇」を無視しても良い。また、子供でも円滑に読めるようになるにつれて「◇」を部分的、ないしすべて無視するのも良い。

例として松尾芭蕉の『おくのほそ道』の冒頭の文章を挙げる。

「月日《つきひ》は◇百代《はくたい》の過客《かかく》にして、◆行きかふ年も◇又旅人也《また》《なり》。◆舟の上に◇生涯をうかべ、◆馬の口とらえて◇老《おい》をむかふる物は、◆日々旅にして◇旅を栖《すみか》とす。◆古人《こじん》も多く◇旅に死せるあり。」

なお、この区切り方には厳密な決まり事があるわけではなく、単語を切断したり、意味の上で違和感を生じたりすることがないように私が考えて区切ったものであり、別の区切り方を理想とする方があるのも当然のことである。よって絶対の決まり事ではないことを先に理解しておいてほしい。

以上が注意点である。では素読をしてみよう。

【おすすめ教材①『古事記』】

天《あめ》地《つち》の◇初発《はじめ》の時《とき》、◆高天《たかま》の原《はら》に◇成《な》れる◇神《かみ》の名《みな》は、◆天《あめ》之《の》◇御中主神《みなかぬしのかみ》、◆次《つぎ》に◇高御産巣日神《たかみむすひのかみ》、◆次《つぎ》に◇神産巣日神《かみむすひのかみ》。◆此《こ》の三柱《みはしら》の神《かみ》は、◆並《みな》独神《ひとりがみ》◇成《な》り坐《ま》して、◆身《みみ》を◇隠《かく》したまひ《い》き。

※本来、ひとつの単語が分断されないように区切れ目を入れるのだが、ここでは「天之《あめの》御中主神《みなかぬしのかみ》」という神号に区切れ目を入れている。神号であればなおさら切らないほうが良いのであるが、子供がうまくひと続きに読めない場合が多いので区切れ目を入れた。「天之御中主神」は『古事記』の中では珍しく、漢字の意味と読み方に関連性が強く、現代語訳すれば「宇宙の中心にまします神」となる。よって「天之◇御中主神」のように区切れば「宇宙の◇中心にまします神」という様相になり、支障が少ないと思われる。ただし、一度にひと続きで読めるように練習してほしい。

『古事記』は古典の王者ともいわれ、広く読まれているもののひとつである。わが国の成り立ちや天皇の譜系を神話の時代から描いており、西暦七一二年に成立した。西暦七二〇年に成立した『日本書紀』とあわせて記紀と呼ばれる。

『古事記』は成立以降、歴史の中で絶え間なく長く語り継がれてきたものではない。長く解読できない時代が続いた後、国学の四大人と称される国学者・本居宣長《もとおりのりなが》が三十五年の研究を経て解読するに至った。『日本書紀』は対外的にわが国の成り立ちを説明するために、当時の日本人が想定していた国際語である中国語を基調として書かれ、ひとつの項目に関してもいろいろな異説を併記するなど学術書のような構造になっており、三十巻と系図一巻というボリュームになっている。

『古事記』は万葉仮名と呼ばれる、発音とそれに対応する漢字を充てて表記する仮名が用いられていることから、国内的に自国の成り立ちを説明する色彩が強いといわれる。『日本書紀』のように綿密な各説の既述はなく、あくまで大まかな流れが記されているもので全三巻から成る。

『古事記』についてはいろいろな現代語訳や漫画も出版されており、それらの中には非常に優れたものもあるが、原文で味わうことを大事にしてみてほしい。今回ご紹介したのは上巻（うえつまき・かみつまき）の冒頭部分であり、宇宙に三柱の神々がお出ましになる場面である。これらの神々はすべて万物生成の源になったとされ、造化三神と呼ばれる。

『聖書』が全知全能の神による天地創造から始まるのとは対照的に、日本神話では宇宙はすでに存在し、その中に三柱の神々がお出ましになったという流れになっている。自然に畏敬の念を深く抱くわが国の文化はすでにここで見られるようにも思われる。造化三神さえも宇宙の創造主とはされておらず、あくまで宇宙の中にお出ましになった……ということは、神でさえも宇宙は作ることができていないことを示しているようにも感じられ、それが自然崇拝の文化とつながっていくように私は感じた。洋の東西における考え方の違いを知るには『聖書』と『古事記』を比較しつつ読むと非常に得るものが大きい。

ただ、文化や思想の比較論のために『古事記』を読むというよりも、まずはわが国の成り立ちについて知る、要は自分の足元をきちんと理解しておくために、『古事記』はぜひ素読を通じて音に響かせて身に染ませておいてほしいと思う。

グローバル化という言葉が頻繁に聞かれるようになった現在であるが、ただ単に外国語ができて何になろうか。自分が帰属する文化の根源を語れる人こそが真のグローバル人材であると思う。そのためにも『古事記』は必読の書である。

先に記紀（『古事記』と『日本書紀』）が歴史教科書の論述のベースとなっていないため、自国のおこりを理解できる環境が子供には乏しいと書いた。考えてみれば戦後七十年余り、最早ほとんどの日本人が神武建国のストーリーを知らない。大人も子供も『古事記』をしっかり読み進めてほしい。素読の本義とは外れるが、漫画古事記や絵本古事記を見つけて併せて読むのもお勧めである。

【おすすめ教材②『十七条の憲法』聖徳太子】

四《し》に曰《いわ》く、◆群卿百寮《ぐんけいひゃくりょう》、◇礼《れい》をもって◇本《もと》とせよ。◆それ◇民《たみ》を治《おさ》むるの本《もと》は、◆かならず◇礼《れい》にあり。◆上礼《かみれい》なきときは、◇下斉《しもととの》わず、◆下礼《しもれい》なきときは◇もって◇必《かなら》ず罪《つみ》あり。◆ここをもって、◇群臣《ぐんしん》◇礼《れい》あるときは◇位次《いじ》乱《みだ》れず、◆百姓《ひゃくせい》◇礼《れい》あるときは◆国家《こっか》◇自《みずか》ら治《おさ》まる。

『十七条の憲法』と聞いても多くの読者は社会科で歴史分野を学んだ時に『十七条の憲法』という名称のみを覚えた、という場合が多いのではないだろうか。『十七条の憲法』は高級官僚や貴族階級を対象にした道徳的な規範の提示であると考えられ、当時のわが国の思想や精神性を知る上で非常に貴重な史料である。儒教や仏教の影響が随所に見られる。

しかし、これを現代と隔絶された古代における文化と見るのではなく、今を生きる私たちに受け継がれている気脈としてとらえてみると良い。『十七条の憲法』は今から約千四百年前に制定されたものであるが、その基本部分は日本人の性質の基底にしっかりつながっているものばかりだ。今回は素読の素材として第四条を挙げたが、礼節の乱れが各所に波及すれば、荒み、混乱した社会となってしまう、というのは時代を問わないことだろう。まずは礼節を正す、ましてや人の上に立つ役職となればなおさらのことである。

【おすすめ教材③『論語』孔子】

子曰《しのたまわ》く、◆衆《しゅう》◇これを悪《にく》むも◇必《かなら》ず察《さっ》し、◆衆《しゅう》◇これを好《この》むも◇必《かなら》ず察《さっ》す。

素読といえば『論語』というくらいに、素読と『論語』のつながりは深い。寺子屋や藩校などで四書五経（論語、大学、中庸、孟子、易経、書経、詩経、礼記、春秋）の素読が活発に行われたが、就中『論語』の人気はなお高く、現在でもビジネスマン向けの処世術指南書としてアレンジされたものや、児童育成用の道徳教科書として編集されたものなどいろいろな出版物があり、論語ブームと称する向きもある。いずれにしても、理性を鍛え、自己を律し、他者と協調・協働していく理想の姿を考え、実践する上で『論語』の訓えは大変に有為であり、それが時代を超えて『論語』が読まれ続ける所以であろう。

ここで紹介した部分も時代にかかわらず通用するものであり、自分の判断の基準となる情報を自分の力で調達せよ、という訓えを説いている。大人の社会でも子供の社会でも「みんなあいつを嫌っている」「みんながこれを好適だと言っている」という風向きに流されてしまうことはよくある。「みんな」といういい加減な言葉を過信し、多数派は正しいものだと誤解してしまう。自分はどう感じ、どう考えるのかという軸も持たずに下す判断は実に危うい。自分で確かめ、自分で考えて判断を下したいものである。

【おすすめ教材④『梁塵秘抄《りょうじんひしょう》』後白河法皇】

遊《あそ》びをせんとや◇生《うま》れけん◆戯《たわむ》れせんとや◇生《うま》れけん◆
遊《あそ》ぶ子供《こども》の◇声《こえ》きけば◆我《わ》が身《み》さえこそ◇動《ゆる》がるれ

『梁塵秘抄』は平安時代後期に編集された「今様《いまよう》」を集成した書物である。今様というのは当時流行していた歌謡のことで、今風に言えばポップスということになろうか。当時の技術や表記では音声を後世に伝えることができないため、歌詞のみがこの『梁塵秘抄』にて伝わっているわけであるが、当時は何らかの節やメロディを伴って歌われていたものだと考えられ、また町の童が口ずさむようなものも多々あったと考えられる。今様に没頭した後白河法皇は後世に素晴らしい今様が伝わらなくなることを心配なさり、御自ら『梁塵秘抄』を編纂された。

『梁塵秘抄』の「秘抄」とは「素晴らしい文章」の意味であるが、「梁塵」はそのまま訳すと「梁《はり》の塵《ちり》」となってしまう。古来からの伝説で、名人の歌を聞いた梁の塵が動き出した、というものがあり、それにちなんで名付けられたものと考えられ、よって「梁の塵が動き出してしまうほどの素晴らしい文章（歌詞）」という解釈が成り立つ。

後白河法皇が今様に対して抱いた熱意は尋常ではなく、その様子を御自ら『梁塵秘抄口伝集』に次のように記されている。

「十歳余りの時から今様を愛し、稽古を怠けることはなかった。昼間は一日中歌いにふけり、夜は一晩中歌い明かした。そうして声が出なくなったことは三回あり、そのうち二回は喉が腫れてしまって飲み物を通すのもつらいほどだった」。

周囲にはこの今様への熱意を、常軌を逸したものとして好ましく思わない者もあったと記録に残っているが、後白河法皇のこの熱意が当時のポップスを現代に伝えてくれたと思えば感謝申し上げたいものである。

今様の中には七五調のものが多くあり、これは明治期以降の唱歌の音数とも合致する場合が多々ある。メロディがすでに分からない今様ではあるが、今回ご紹介したものは『どんぐりころころ』『あゝ人生に涙あり（水戸黄門の主題歌）』『我は海の子』などでフルカバーが可能である。ぜひ歌ってみてほしい。無機的に理屈だけで七五調を説明するよりも楽しく体感できる素晴らしい教材ともなる。

このように体感で七音や五音を受け取った子供は将来、和歌や俳句を創作する時点においても指を折るなどせず、脳内で音数を調整した上でアウトプットできるようになる。

【おすすめ教材⑤　森信三の言葉】

人《ひと》は一生《いっしょう》のうち◆出逢《であ》うべき人《ひと》に◇必《かなら》ず出逢《であ》える◆しかも◇一瞬《いっしゅん》遅《おそ》すぎず◆一瞬《いっしゅん》早《はや》すぎず◆内《うち》に求《もと》める◇心《こころ》なくんば◆ついにその縁《えん》は◇生《しょう》じざるべし

森信三は愛知県出身の教育者であり、哲学者でもある。戦前・戦後を通じて教育に関するいろいろな理念の提言を行い、多くの教育者に強い影響を与えた。「人生二度なし」の真理を根本信条とした森は、多くの著作を通じて素晴らしい名言を多数残している。

戦後の教育は、表面的には「命の大事さ」を説くが、しかし「死」を忌避するあまり、命が有限であることやその限られた時間をいかに有意義に輝かせるかという点においては極めて無頓着であるかのように感じられる。限られた時間の中の限られた機会について意識せねばなるまい。

人との出会いもまた然り。ただ漫然と相対するのではなく、自己を高めようとする内的な動きがあれば、出会うべき人に巡り会えることができよう。しかしあくまでその大前提は「内に求める心」があること。外から舞い込んでくることに期待していたのでは縁は生じない。能動的に必要な人との縁を手繰り寄せたいものである。

【おすすめ教材⑥ 荀子《じゅんし》の言葉】

君子《くんし》の学《がく》は◆通《つう》の為《ため》に◇非《あら》ざるなり◆
窮《きゅう》して困《くる》しまず◆憂《うれ》ひて意《い》衰《おとろ》えず◆禍福《かふく》終始《しゅうし》を知《し》りて◆惑《まど》わざるが為《ため》なり

荀子は古代中国（趙）の思想家。人間は本来的に利己的な存在である、という「性悪説」を説いたことで知られている。ただし、日本では孟子の「性善説」が好まれる傾向があるように感じられ、性悪説の本質があまり語られていないように思う。

荀子は、人間が本来的に持つ悪の部分を改善するため、人間は終生に亘って学び続けることが必要であると説いた。このように説明すれば性悪説に対して持っていた抵抗感を低減させる人が多いのではないだろうか。かわいらしい幼児であっても、残虐な方法で昆虫を殺害して遊ぶこともある。やはりそれは後天的に教育によって改善せねばならない、ということに異論を持つ人は少ないのではないかと思われる。

今回紹介した文章では、学問は立身出世のためにあるのではなく、つらい逆境の局面で自らを律し、奮い立たせるためにあるのだ、と説いている。定見や軸心は学問によって涵養される。それがない人間は逆境においていとも簡単に折れてしまう。約二千三百年を経ても褪色《たいしょく》しない人間の真実ではないだろうか。

【おすすめ教材⑦『野山獄文稿』吉田松陰】

志《こころざし》を立《た》てて◆以《も》って◇万事《ばんじ》の源《みなもと》となす◆交《まじわり》を択《えら》びて◆以《も》って◇仁義《じんぎ》の行《ぎょう》を輔《たす》く◆書《しょ》を読《よ》みて◆以《も》って◇聖賢《せいけん》の訓《おしえ》を稽《たんが》う

吉田松陰は長州・萩の兵法家・思想家・教育者。松下村塾ではわずかな期間しか教鞭を執っていないにもかかわらず、維新の原動力たる有能な人材を数多く輩出した。今なお多くの人の尊敬を集め、地元の萩では「松陰先生」と呼称され、萩市立明倫小学校では吉田松陰の言葉を今なお素読している。

時として冷静で理知的、時としてほとばしる激情を露わにするその生き方は多くの志士を感化していった。そして松陰の残した言葉の多くが、松陰人生の生き方そのものであると感じられる。至誠の人といわれることも多いが、まさにそれが松陰の生き方であった。

ペリーの黒船に乗りこんで海外渡航を企てたことについて松陰は自首している。この罪において幕閣の調べを受けている際、取調官からは問われてもいない老中殺害計画を自ら吐露し、自らの政治的な信条を披瀝することによって幕閣にさえも誠を尽くして同心してもらう、という希望を捨てなかった松陰。しかし、それが自らの命に終止符を打つことになってしまった。

誠を尽くして相手を感化するという彼のまっすぐな生き様こそが、彼が教育者としても図抜けた存在たらしめている最大の要素ではないだろうか。

よく「松陰があと少し生きていれば……」という話を聞くが、松陰は何よりも雄弁にその死によって生き方を示し、門弟にエネルギーを与えて彼らを動かしたのではなかろうか、と私は思う。もしも松陰が老中暗殺計画を自白せず、短い刑期を終えて萩に戻ってきたならばどうだろうか。久坂玄瑞や高杉晋作といった松下村塾の門弟たちをゆり動かしたのは、保身に汲々とする松陰ではなく、至誠を貫いた彼の生き様であったのではないだろうか。

なお、萩市の松陰神社の境内には、松下村塾が移築されている。また、同社の宝物殿至誠館には松陰先生の言葉集も販売されており、素読の題材に最適である。

【おすすめ教材⑧『元寇』永井建子《けんし》】

四百余州《しひゃくよしゅう》を挙《こぞ》る◆十万余騎《じゅうまんよき》の敵《てき》◆国難《こくなん》ここに見《み》る◆弘安四年夏《こうあんよねんなつ》の頃《ころ》◆
なんぞ怖《おそ》れん我《われ》に◆鎌倉男子《かまくらだんし》あり◆正義武断《せいぎぶだん》の名《な》◆一喝《いっかつ》して世《よ》に示《しめ》す◆
多々良浜辺《たたらはまべ》の戎夷《えみし》◆そは何蒙古勢《なにもうこぜい》◆傲慢無礼《ごうまんぶれい》もの◆倶《とも》に天《てん》を戴《いただ》かず◆
出《い》でや進《すす》みて忠義《ちゅうぎ》に◆鍛《きた》えし我《わ》が腕《かいな》◆ここぞ国《くに》のため◆日本刀《にっぽんとう》を試《ため》しみん◆
こころ筑紫《つくし》の海《うみ》に◆浪《なみ》おしわけてゆく◆益荒猛夫《ますらたけお》の身《み》◆仇《あだ》を討《う》ち帰《かえ》らずば◆
死《し》して護国《ごこく》の鬼《おに》と◆誓《ちか》いし箱崎《はこざき》の◆神《かみ》ぞ知《し》ろし召《め》す◆大和魂《やまとだましい》潔《いさぎよ》し◆
天《てん》は怒《いか》りて海《うみ》は◆逆巻《さかま》く大浪《おおなみ》に◆国《くに》に仇《あだ》をなす◆十余万《じゅうよまん》の蒙古勢《もうこぜい》は◆
底《そこ》の藻屑《もくず》と消《き》えて◆残《のこ》るは唯三人《ただみたり》◆いつしか雲晴《くもは》れて◆玄界灘《げんかいなだ》月清《つききよ》し

この『元寇』は鎌倉時代の元寇を歌詞として作詞・作曲された唱歌であり、戦前は音楽の教科書に掲載されていた。大変にテンポの良いメロディと勢いにあふれる歌詞が人気で、大正天皇もこよなく愛された歌だという。作詞・作曲ともに広島市出身の永井建子の手による。彼は陸軍軍楽隊でその才能を現し、軍歌やいろいろな学校の校歌も手掛けている。

戦後教育においては、反戦平和の名のもとに軍事に関することや戦闘を描いた文物を遠ざける傾向が顕著であり、戦争に関わる文物でもその悲劇を強調しているものであれば教材として採用された。当然、戦争は悲劇であり、いかにこれを防ぐかということについては叡智を集めて論を出さねばならないことに異論はない。しかし極度に忌避することにより、自分の国を守った先人への敬意や、強い覚悟と崇高な精神で自らを犠牲にして後の世に希望を託した人の有り様を伝えない。結果として感謝の念は生まれず、あたかも歴史の断罪者のようなふるまいばかりをする、そして口を開けば「センソウハイケマセン」とばかり連呼する戦後日本人が育ったのではなかろうか。

決して戦争を肯定しているわけではないが、『元寇』のような曲を素読し、歌うことによって先人の精神性に触れ、長い歴史の中で先人が国を守ってくれたからこそ現在の自分たちがある、という歴史と自分との連続性・一体性、さらには先人への感謝を育てるべきではないかと私は思う。

【おすすめ教材⑨『枕草子』清少納言】

冬《ふゆ》はつとめて◆雪《ゆき》の降《ふ》りたるは◇言《い》ふべきにもあらず◆霜《しも》のいと白《しろ》きも◆またさらでも◇いと寒《さむ》きに◆火《ひ》など急《いそ》ぎおこして◆炭持《すみも》てわたるも◇いとつきづきし◆昼《ひる》になりて◇ぬるくゆるびもていけば◆火桶《ひおけ》の火《ひ》も◇白《しろ》き灰《はい》がちになりてわろし

『枕草子』は日本三大随筆のひとつ。平安時代の女流作家である清少納言の筆による。当時の宮廷の様子や生活習慣を如実に記しているだけではなく、清少納言の感性を通じて描かれる世界観が今に生き生きと伝わってくる。約千年の時を隔てているとは感じさせないくらいに、現代と共通する人間の感情を知ることを通してこの作品に共感する人も多い。また、繊細な感覚で対人関係や季節や風景を描かれている部分も多く、日本的な情趣を豊かに感じさせてくれる。古典を読むことの意義の中に「感じ方を学ぶ」というものがあると思う。先人の感性を通じて、こう感じた人がいる……ということを知ることで、自分の感性も豊かにしていくことができよう。そういった意味では『枕草子』は日本の情趣を後世に伝える傑作であると思う。

ぜひ冬の早朝、寒さを感じつつこの文章を素読してみてほしい。

【おすすめ教材⑩『太平記』作者不詳】

今度《こんど》の合戦《かっせん》◇天下《てんか》の安否《あんぴ》と思《おも》ふ間《あいだ》◆今生《こんじょう》にて◇汝《なんじ》が顔《かお》を見《み》ん事《こと》◆是《これ》を限《かぎ》りと思《おも》ふ《う》也《なり》◆正成《まさしげ》◇已《すで》に討《う》ち死《じ》にすと聞《き》きなば◆天下《てんか》は必《かなら》ず◇将軍《しょうぐん》の代《よ》に成《な》りぬと◇心得《こころうる》べし◆然《しか》りと云《い》へ《え》共《ども》◆一旦《いったん》の身命《しんみょう》を◇助《たす》からん為《ため》に◆多年《たねん》の忠烈《ちゅうれつ》を失《うしない》て◆降人《こうにん》に出《いづ》る事《こと》◇有《あ》るべからず◆一族《いちぞく》若党《わかとう》の一人《ひとり》も◇死《し》に残《のこ》りてあらん程《ほど》は◆金《こん》剛山《ごうせん》の◇辺《へん》に引籠《ひきこ》もって◆敵《てき》寄《よせ》来《き》たらば◇命《いのち》を◇養由《ようゆう》が矢《や》さきに懸《か》けて◆義《ぎ》を◇紀信《きしん》が忠《ちゅう》に比《ひ》すべし◆是《これ》を◇汝《なんじ》が第一《だいいち》の◇孝行《こうこう》ならんずる

戦前の教育を受けた世代であれば教科書などで慣れ親しんだのが『太平記』であろう。楠木正成を英雄に祭り上げて天皇への忠義心ばかりを煽った、と批判する向きもあるが、大楠公（楠木正成）や小楠公（楠木正行）の生き様を通じて学ぶことは多く、また情緒豊かな文体で綴られている箇所もあるので、再び広く読まれることを望みたい。

この文章の場面は、大楠公が自分の討死した後の世の成り行きを予想して息子である小楠公に語っているところである。現代人の感覚で「命を粗末にして……」という読み方ばかりしないで、ぜひ命の輝かせ方や尊厳について考える契機としても受け取ってほしい。

【おすすめ教材⑪ 雨の呼び方】

春雨《はるさめ》　夕立《ゆうだち》　秋雨《あきさめ》　甘雨《かんう》　驟雨《しゅうう》　秋霖《しゅうりん》　地雨《じあめ》　俄雨《にわかあめ》　私雨《わたくしあめ》　外《ほか》
待雨《まちあめ》　天泣《てんきゅう》　天水《てんすい》　狐《きつね》の嫁《よめ》入《い》り　肘傘雨《ひじかさあめ》　怪雨《あやしあめ》　五月雨《さみだれ》　時雨《しぐれ》　小《こ》
糠雨《ぬかあめ》　瑞雨《ずいう》　慈雨《じう》　氷雨《ひさめ》　緑雨《りょくう》　翠雨《すいう》　麦雨《ばくう》

この素読教材では日本のいろいろな雨の表現方法を単語として羅列している。降り方の違い、その雨が果たすであろう役割、雨が降っている季節など、いろいろな要素によってさまざまな表現があることを知ってもらいたい。この教材は他の教材に増して「これはどういう意味だろう」という心が生まれやすいのだが、そこを押さえて発音優先でしっかり素読してほしい。意味は分からずとも発音を通じて「こういう雨の呼び方がある」と知っておくだけで、今後体験する雨に対してこれらのどれに当てはまるのだろう、という興味を持って接することができるようになるだろう。

この単語羅列の教材を読む時は「ハイ」という素読を促す言葉を省き、例えば「春雨」とリード役が発音するや否や、他が「春雨！」と畳みかけるように読むのが良い。そうやってやや早めのリズムでテンポよく読み進めると、早く暗唱できる。

【おすすめ教材⑫　中村久子の言葉】

人《ひと》の命《いのち》とは◇つくづく不思議《ふしぎ》なもの◆確《たし》かなことは◇自分《じぶん》で生《い》きているのではない◆生《い》かされているのだ◇と言《い》うことです◆どんなところにも◇必《かなら》ず生《い》かされていく道《みち》がある◆すなわち人生《じんせい》に絶望《ぜつぼう》なし◆いかなる人生《じんせい》にも◇決《けっ》して絶望《ぜつぼう》はないのだ

中村久子は明治から昭和を生きた興業芸人であり、また作家でもある。岐阜県に生まれた彼女は病気のため、わずか三才にして両手・両足を切断する手術を受けることになる。成人した後は見世物小屋で「だるま娘」として手足のない身で編み物や裁縫をする様子を芸として観衆に披露した。彼女は自立して生きていくことを強く誓い、公的な障害者助成の制度を利用することはなかった。やがて講演会で自分の生い立ちなどを話すようになっても、恨み言や不満もなく、生かされている喜びや感謝の念を語り、多くの聴衆を奮い立たせた。三重苦の人といわれるヘレン・ケラーでさえも彼女には敬意を示したという。

今回、素読教材としてご案内したこの文章も、彼女の生き様を知るとより説得力を帯びて我々の心に強く迫るものがある。何不自由なく生きている人であっても、わずかな不自由を見つけて恨み言ばかり言う人もおり、またどれだけ豊かで恵まれている状況にあっても足りないものを指折り探し、いかに欠乏しているかを訴える人もいる。そして、尊い命として生かされているという感覚を持つことなく、すなわち生かされていることへの感謝よりも、心身に満ち足りない部分があればその不平を陳べることを常とする人もいる。

そういう人は尊敬に値しないどころか、そこから放たれるマイナスのエネルギーが周囲さえも不幸にしてしまうことはないだろうか。中村久子のようにこれだけの不幸を抱えながらも「この障害ゆえに強く生きられる機会を得た」と言ってのけるほどの強いプラスのエネルギーは周囲を強く照らすだろう。

そういう存在になりたいものであるし、五体満足の身を持つ者であればなおさら、そういう存在を目指しやすい位置にいるのではなかろうか。

また、我々は障害者福祉という時、いかに多くの公的扶助を、すなわち税金を彼らに向けるか、ということを考えがちであるが、これはいわば「保護すべき対象」として憐れんでいることにならないだろうか。障害者の尊厳を毀損していないだろうか。障害者が人間としての尊厳を守り、彼らに希望を持って生きてもらうには、いかにして彼らが働き、自分の力で所得を得るのか、ということを思案すべきであり、結果として彼らを税金の受け取り手から支払者にする、という点が重要なのではないだろうか。

中村久子の生き様と言葉から学べることは実に大きい。

【おすすめ教材⑬『大学』孔子】

湯《とう》の盤《ばん》の◇銘《めい》に曰《いわ》く◆
「苟《まこと》に◇日《ひ》に新《あら》たに◆日々《ひび》に新《あら》たに◆また日《ひ》に◇新《あら》たなり」と

『論語』と並んで素読の題材としてよく用いられる『大学』からの出典である。『大学』は儒教を学ぶに当たっての基礎教材のひとつ。『論語』『中庸』『孟子』と合わせて四書と呼ばれている。四書の中では入門書としての位置づけだといわれており、白文の状態においては一七五三字しかない短編である。薪を背負った二宮金次郎の像は大変に有名であるが、あの像が手にして読んでいるのは『大学』である。

ここに引用した部分の大意は以下のとおりである。

殷《いん》を治めた名君・湯王《とうおう》は、洗面器に以下のように彫らせた。「本当に今日という日は天地ができてから初めてやってきた日である。新しい、初めての日々が毎日更新されていく」と。

無為に時間を過ごすことを戒め、時を有効に使って世に報いることを説いているといわれている。洗面器にこれを彫れば毎朝必ず読むことになるわけで、読者諸氏も戒めとしたいことを洗面器の底に油性マジックで書いてみるのはどうだろうか。

【おすすめ教材⑭『大楠公の歌～櫻井の決別～』奥山朝恭《ともやす》】

青葉《あおば》茂《しげ》れる◇桜井《さくらい》の◆里《さと》のわたりの◇夕《ゆう》まぐれ◆
木《こ》の下陰《したかげ》に◇駒《こま》とめて◆世《よ》の行《ゆ》く末《すえ》を◇つくづくと◆
忍《しの》ぶ鎧《よろい》の◇袖《そで》の上《うえ》に◆散《ち》るは涙《なみだ》か◇はた露《つゆ》か◆
正成《まさしげ》涙《なみだ》を◇打《う》ち払《はら》い◆我《わ》が子《こ》正行《まさつら》◇呼《よ》び寄《よ》せて◆
父《ちち》は兵庫《ひょうご》に◇赴《おもむ》かん◆彼方《かなた》の浦《うら》にて◇討《う》ち死《じに》せん◆
汝《いまし》はここまで◇来《き》つれども◆とくとく帰《かえ》れ◇故郷《ふるさと》へ◆
父上《ちちうえ》如何《いか》に◇宣《のたも》うも◆見捨《みす》て奉《まつ》りて◇我一人《われひとり》◆
如何《いか》で帰《かえ》らん◇帰《かえ》られん◆この正行《まさつら》は◇年《とし》こそは◆
未《いま》だ若《わか》けれ◇諸《もろ》ともに◆御供《おんとも》仕《つか》えん◇死出《しで》の旅《たび》◆
汝《いまし》をここより◇帰《かえ》さんは◆我《わ》が私《わたくし》の◇為《ため》ならず◆
己《おの》れ討死《うちじに》◇為《な》さんには◆世《よ》は尊氏《たかうじ》の◇儘《まま》ならん◆
早《はや》く生《お》い立《た》ち◇大君《おおきみ》に◆仕《つか》え奉《まつ》れよ◇国《くに》の為《ため》◆

この一刀《ひとふり》は◇往《い》にし年《とし》◆君《きみ》の賜《たま》ひ《い》し◇ものなるぞ◆
この世《よ》の別《わか》れの◇形見《かたみ》にと◆汝《いまし》にこれを◇贈《おく》りてん◆
行《ゆ》けよ正行《まさつら》◇故郷《ふるさと》へ◆老《お》いたる母《はは》の◇待《ま》ちまさん◆
共《とも》に見送《みおく》り◇見返《みかえ》りて◆別《わか》れを惜《お》しむ◇折《おり》からに◆
又《また》も降《ふ》りくる◇五月雨《さみだれ》の◆空《そら》に聞《き》こゆる◇時鳥《ほととぎす》◆
誰《だれ》か哀《あわ》れと◇聞《き》かざらん◆哀《あわ》れ血《ち》に泣《な》く◇その声《こえ》を

戦前には音楽教科書に掲載されていたこの『大楠公の歌』は、当時の教育を受けた方であれば大変に馴染み深いものである。曲名は『楠公の歌』と称されることも多いが、大楠公・楠木正成の生き様を歌った内容であるので、その息子である小楠公・楠木正行と区別するために『大楠公の歌』と称することがある。

この歌は全十五番から成る大変な長編であるが、歌詞の内容から大別して、ここに紹介した一番～六番を「櫻井の別れ」と、七番～八番は「敵軍襲来」と、九番～十五番は「湊川の奮戦」といわれる区分になっている。櫻井の別れは『太平記』の中でも非常に有名な部分であり、その情趣を余すところなく歌詞に散りばめ、歌う者、聞く者の心の琴線に触れるこの歌はまさに傑作であると言えよう。また、メロディも大変に美しく、ゆっくりと淡々としたテンポの中に、人間の強い意志と、そして同時に寂寥感を抱かせる名作である。

九州で勢力を盛り返して大軍で畿内へ進軍する足利軍に対し、軍略の天才・楠木正成は都をあえて捨てて戦うことを献策するもあえなく却下。そして都を防衛するため、陸路と海路より東進しつつある足利軍を迎撃すべく湊川（現在の神戸市）に陣を構えることになるのだが、その進軍中に櫻井の宿（現在の大阪府三島郡島本町）にて息子である正行に戦線を退いて本拠地・河内に退くように命じる。正成はすでに運命を予測し、継嗣である正行を巻き添えにして討死させることを避け、長じた後の再起を促したのである。朝廷から離反する勢力の多さへの嘆き、正行への離脱宣告、武士の誇りからそれを拒む正行、大義のため別れるのだと説得する正成、形見の品に後醍醐天皇から賜った刀を渡し、お互いを気にかけながら別れを遂げる、という深い感動が湧き起こるような歌詞が綴られている。

さて、戦場の話。友軍として足利軍を迎撃するはずであった新田義貞は、足利尊氏の計略にひっかかってしまい、戦わずして戦線を離脱。湊川に取り残された楠木軍は奮戦するも多勢に無勢で足利軍を防ぎきれず、ついに正成は弟・正季《まさすえ》と刺し違えて自害する。その十二年後、長じた正行は軍勢を率いて足利軍と戦うも、武運虚しく最期を遂げる。こういった人間ドラマとそこにある心を幼い時から学ぶことは大変に有意義なことであろう。

【おすすめ教材⑮『大西郷遺訓』西郷隆盛】

万民《ばんみん》の上《うえ》に位《い》する者《もの》◆己《おの》れを慎《つつし》み◆品行《ひんこう》を正《ただ》しくし◆驕奢《きょうしゃ》を戒《いまし》め◆職事《しょくじ》に勤労《きんろう》して◇人民《じんみん》の標準《ひょうじゅん》となり◆下民《かみん》其《そ》の勤労《きんろう》を◇気《き》の毒《どく》に思《おも》ふ《う》様《よう》ならでは◆政令《せいれい》は行《おこな》はれ難《がた》し

『大西郷遺訓』は『南洲翁遺訓』とも呼ばれる西郷隆盛の遺訓集である。出羽国の庄内藩の関係者が西郷の話を聞いてまとめたものであると伝わっている。

西郷隆盛は江戸時代末期に薩摩藩士として生まれ、その才能を藩主・島津斉彬に見いだされ、幕末においては倒幕勢力の中心の一人として、明治維新の後には政権中枢を担う。やがて不平士族の暴動から発展した西南戦争の指導者となり、戦に破れ鹿児島で自刃する。

政治家・軍人としての活躍が知られる西郷ではあるが、その崇高な精神性と人格は強い信頼と敬意を彼に集めた。明治天皇も西郷に全幅の信頼をおかれており、西南戦争で逆賊として征討されることになった時は塞ぎこまれてしまい、政務が執れなくなる状態であったという。『大西郷遺訓』は庄内藩の発祥であるが、まさに庄内藩は幕末から戊辰戦争にかけて、討幕派に転じた薩摩勢力と激しく対立した佐幕勢力であった。敵からの敬意を受ける、まさに西郷の武士道の真骨頂がここにあるように思われる。

【おすすめ教材⑯　明治天皇御製】

おのが身《み》は◆かへりみずして◇人《ひと》のため◆つくすぞ人《ひと》の◇務《つとめ》なりける

明治天皇は日本の近代化の重大な局面で国の道しるべを示された天皇で、海外の政治的指導者からも尊敬を集めるご存在である。トルコ共和国の初代大統領であるケマル・アタテュルクは執務室に明治天皇の御真影（＝高貴な方の肖像・お写真のこと）を掲げていたという。国内においても明治大帝と称されることもある。

天皇が詠まれる和歌や漢詩は「御製《ぎょせい》」といい、明治天皇は歴代天皇の中でも特に多くの御製をお詠みになっておられ、その数は九万首を超えるともいわれている。歴史や伝統を考えられたり、人としての道を示されたり、子供を教育するにあたってのお考えを陳べられたり、自然の景色から風情を感じ取られたり……と、そのテーマは多岐に及ぶが、西欧文化の急激な流入期に、日本人としての軸心を失われないように説かれたものも多くあり、今まさに教育の場でしっかり伝えていきたいのが明治天皇御製である。

この御製では、自分よりも人に尽くすことを優先するという日本の伝統的な価値観を示しておられ、個人の権利意識がとめどなく膨張している現代にこそ意識したい内容である。また「務」とは当然の行い、という意味を含んでおり、人に尽くすことは当然の役割であることを示されている。誰々のために、何かのために、と口に出して発信する人も少なくないが、そういうことは当然の行いとして外にアピールするものではないのではなかろうか。この御製から私はその部分にも思いを巡らせた次第である。読者各位はどうお感じになるだろうか。

天皇というご存在は、無私の心で天神地祇に国家の安泰・国民の安寧を祈ることを第一義にされているが、戦後教育の中で天皇のことは無機的な説明とともに、国家のひとつの仕組みのように語られるくらいになっている。わが国の有り様についてひも解くには、天皇とはどういうご存在であるか、という点を避けて通ることはできない。数多い明治天皇の御製を素読することを通じて、有機的な理解が深まると思うので明治天皇に限らず、歴代天皇の御製はぜひ素読していただきたい。

【おすすめ教材⑰『万葉集』大友家持《おおとものやかもち》】

新《あら》しき◆年《とし》の初《はじ》めの◇初春《はつはる》の◆今日《きょう》降《ふ》る雪《ゆき》の◇いや重《し》け吉事《よごと》

『万葉集』はわが国最古の歌集である。歌を詩ととらえた時には世界最古にして世界最大の収録数を持つ詩集でもある。『万葉集』には四千五百十六首の和歌が収められている。大伴家持は『万葉集』の編纂に関わっているとされ、彼自身の和歌も実に四百七十三首が収録されていることから、実に全体の一割以上を彼の作品が占めていることになる。

ここに紹介した和歌は『万葉集』の四千五百十六首目に、すなわち最後に収められている非常に有名な和歌である。わが国の文化には言霊信仰がある。言霊とは、言葉それ自体に宿る霊的な力のことである。望みたいことを言葉に出すことで、そこにこもる魂の力がそれを叶えるという考えにもつながる。分かりやすいところでは「明日天気になぁれ」というところであろうか。また、縁起の悪いことは言葉に出さないということにもつながっており、結婚式で禁忌とされる言葉が今なお存在していることが、わが国の言霊文化が今に続いていることを証明している。

新年のはじめ、この雪が降り積もるように良いことが重なりますように、その言霊を感じつつ素読してもらいたい和歌である。

【おすすめ教材⑱『日新公《じっしん》いろは歌』島津忠良】

いにしへの◆道《みち》を聞《き》きても◇唱《とな》へても◆わが行《おこな》ひに◇せずば甲斐《かい》なし

島津忠良は戦国時代を生きた薩摩の武将。島津家の興隆に寄与した中興の祖としても知られている。忠良は分家の出身であるが息子である貴久は島津本家を相続し、薩摩統一を果たし、大隅にも強い影響力を及ぼすようになる。また、孫にあたる義久・義弘は大隅・日向を掌中に収め、南九州から九州全土を掌握する勢いを見せた。島津の殿様には英邁な人が多く「島津に暗君なし」という言葉さえあるくらいだが、忠良はまさに優れた人材を育てることを重視した人物であった。

この和歌は「日新公いろは歌」と呼ばれ、忠良が教訓とすべきことを和歌に詠み込んで教育の指針としたものである。この歌は「いにしへの」が初句となっているが、「楼《ろう》の上も」「はかなくも」という初句を持つ歌が続く。頭文字を見ていただいて分かるように「いろは……」とつながっていくのだ。薩摩独特の教育の仕組みに郷中教育というものがあるが、日新公いろは歌はその中で非常に重視されたという。この歌は古典を学ぶ際の極めて重要なことも示している。どんなに素晴らしい精神性や考え方や偉人の有り様を知っても、自分の血肉にして行動につなげていかねば意味がないのだ、と。

【おすすめ教材⑲　昭和天皇御製】

かなしくも◆たたかひ《い》のため◇きられつる◆文《ふみ》の林《はやし》を◇しげらしめばや

昭和天皇のことは読者の多くが印象に留めておられるかと思うが、平成もすでに二十九年目を迎え、歴史上のお方という感覚の方も多いだろう。わが国の百二十四代天皇にして、わが国の歴史上最大の対外戦争を経験した昭和時代の君主である。戦後教育において、歴史観は戦勝国の価値観で糊塗されたものとなり、わが国の立場は顧みられることがなかった。よって昭和二十年までのいわゆる戦前をただひたすら暗黒な国として認識している人も多く、戦争のことを多角的に分析、理解することをせずにただわが国のみが悪逆であったというとらえ方の人の少なくないのが実情である。

先の大戦の敗北により、戦勝国が構築した世界の枠組みの中で敗戦国として出発した日本。日本の立場、日本の主張はとりあわれることがなく、わが国の社会制度や精神文化、教育制度などのすべてが「戦争へと国民を駆り立てた悪しきもの」として否定された。悲しいことに、あの大戦においてわが国の文化までもが伐り倒されてしまったのである。都市インフラの復興、経済の復興……その輝かしさの下で心の復興、文化の復興はどうなっているのか、各位にはぜひ自問してみていただきたい。

【おすすめ教材⑳　倭建命《やまとたけるのみこと》の言葉】

大和《やまと》は◇国《くに》のまほろば◆たたなづく青垣《あおがき》◆山隠《やまごも》れる◇大和《やまと》しうるは《わ》し

わが国の記紀（『古事記』と『日本書紀』のこと）に登場する倭建命は第十二代・景行天皇の皇子にして第十四代・仲哀天皇の父君にあたる方である。倭建命という表記は『古事記』に見られるものであり『日本書紀』では日本武尊と記されている。読みはいずれも「やまとたけるのみこと」が現在では一般化しているが、本居宣長は「やまとたけのみこと」と解読している。ここに紹介した言葉も『古事記』では倭建命として紹介されているが、『日本書紀』では景行天皇の言葉として登場する。

いずれの場合も土地の美しさを褒める言葉であることに変わりなく、当時は土地を褒める（これを「国誉め」という）ことにより、その土地を繁栄させ、災いを忌避することができると考えられていたので、高貴な立場にある方がこれを神事として行うことは重要なことであった。ここでいう大和は日本全体を指す言葉ではなく、現在の奈良県あたりを示す言葉である。自分の美しい故郷を言葉で褒めることで、その繁栄を願う気持ち、まさに言霊の国・日本らしい文化であると言えよう。現代に生きる私たちも、ぜひ故郷の美しさや素晴らしさを言葉で表してみたいものだ。

おわりに

やはり一度消滅してしまったものを元に戻すというのは難しい。

本著でも何回も触れた素読への否定的な意見がそれを如実に物語っている。

また、教育方法は新しければ新しいほど良い、という思いを持つ人が「一度消滅した方法であればもういらない」という考え方で素読にマイナス評価を下すこともよくある。

そして「はじめに」や本文にて述べたように、そもそもが素読は認知されていないのであって「認知されていない」ということが最大の難となっている。

「ふかしたジャガイモに生クリームを和えてニンニクスライスを乗せ、チョコレートをかけて食べるとおいしいよ」と言われたところで、そんな不気味なものを試したくない。しかし、意外と思われるものであっても認知度が上がると世間は急激に関心を寄せるのである。テレビの情報番組において、体に良いと紹介された食材は飛ぶように売れて当面は品薄となり、肩こりに効くと言われた運動方法は一気に広まって多くの人がそれを試す。

素読についても中央キー局あたりの大手テレビ局がこれを有効な教育方法だと取り上げれば状況は一変するであろう。もっともそれは一過性の流行でおしまい、という末路を辿ることも多いが。

私はメディアの発信力に依拠せずとも、素読の良さを知っている人たちができるだけ自分自身や家庭でそれを実践していき、その効果を体感しつつじわじわ広げていくことによって大きなうねりになっていくことを期している。

公教育において素読が導入されれば、非常に大きな波及力を持つであろうし、公教育の中に従来の指導法とは異なる国語教育に関する取り組みの胎動が生まれているのは事実である。

しかし、公の大きな枠組みや仕組みを変更するには非常に長い年月を要するのが常であり、公教育の変化を訴え続けても年月ばかりが重なっていく結末になるであろう。

そういう論法ではなく、民間の中で広く素読が実践されるようになり、その実績が覿面《てきめん》になれば、公教育でも素読を導入せざるを得ない状況になるであろう。

昭和五十年代後半から昭和六十年代……これは私が小学生であった時期であるが、当時の学校の先生の中にはいわゆる「塾」を批判する方が非常に多かった。塾で習ったことを学校で披瀝すれば教師は不機嫌になることが多く、中には「塾に通っている」というただそれだけでその生徒に負の感情を持つ教師もいた。

しかし今はどうだろう。学習塾の講師の指導法を学校の教師が学ぶこともある。一部の自治体では塾のプログラムを学校に導入しているところもある。隔世の感さえある学校と塾の関係であるが、塾という民間企業が教育において実績を出し、世間から高い評価を得るようになって公教育が塾を無視できなくなったというひとつの証明でもある。

この事例を見ても分かるように、民間の取り組みが適切な効果を上げること……これは潮流の変化を生み出す非常に大きな要因なのである。もちろん拙著を手に取られた方の中には「国の教育の仕組みなんてどうでもいいから、わが子の成績を上げたい」という思いの方もあるだろう。私はそれでいいと思う。

わが子に適切な方法で教育を施し、優秀な人材に育てる……要は（社会全体からすればミクロな）眼前の目的を達成することは、非常に重要なことである。『大学』にもあるように、個人や家庭がきちんと成り立っていないのに天下国家を語れない、という話だ。

まずはあなたやその家族が素読を始めてみてほしい。それで個人や家庭の言葉に関する資質が向上すれば、それだけでもう十分大きな社会貢献なのだから。

また、素読を通して美しい国語を継承していくことは、わが国の文化を守っていくことにもつながる。一部の知識人や文化人だけが文化を伝え、守るのではなく、草莽《そうもう》が素朴に口ずさむ言葉でさえも国語文化伝承の一翼を担っているのである。

残念ながら、現在のわが国には文化防衛という視点が希薄であるように感じる。東アジア情勢が混沌としていく中、国土防衛という意識については急激に高まっているように感じる。国土と同様、文化も労力をかけて守るものである。

国土を防衛しても、わが国固有の言葉が守れなければ、すなわち文化が守れなければ、地球のどこにでもあるような国家がひとつ、極東の弧状列島に存在しているだけということになってしまう。

大袈裟だと感じられるかもしれないが、良き言葉、美しき言葉をたったひとつでも次の世代に伝えていくことは、日本を日本で在らせ続ける非常に重要な柱となるのである。

平成二十九年十二月八日　　　　松田　雄一

【参考文献一覧】

『感性をきたえる素読のすすめ』安達忠夫（カナリア書房　平成十六年）
『英語化は愚民化』施光恒（集英社新書　平成二十七年）
『日本が二度と立ち上がれないようにアメリカが占領期に行ったこと』高橋史朗（致知出版社　平成二十六年）
『縦に書け！』石川九楊（祥伝社新書　平成二十三年）
『学校では教えてくれない日本語の授業』齋藤孝（ＰＨＰ研究所　平成二十六年）
『森鷗外全集別巻』森鷗外（筑摩書房　昭和四十六年）
『自叙伝』鳩山春子（平凡社　昭和五十六年）
『田岡嶺雲全集』田岡嶺雲　西田勝（法政大学出版局　昭和四十四年）
『東京の三十年』田山花袋（日本図書センター　昭和五十八年）
『幼児教育の経済学』ジェームズ・Ｊ・ヘックマン（東洋経済新報社　平成二十七年）
『教育の経済学』中村牧子（ディスカバー・トゥエンティワン　平成二十八年）

各地の国語(素読)講座のご案内

国語works広島では、広島市を主たる拠点としつつ、次の諸都市にて国語(素読)講座を開催しています。(外部主催講座への出講も含みます)

七戸(青森)	高崎(群馬)	東京
名古屋	福山	広島

※各地の講座はすべて本著の著者・松田雄一が講師として出講しています。

■以下各地の拠点においてどなたでも参加できる以下の親子向け講座を設定しています ※大人単独での参加も可能です。

七戸国語教室(社会福祉法人天寿園会主催)
開催日程・時間:月1回開催・土曜日午前に2時間の授業を設定
会場:青森県上北郡七戸町　認定こども園チビッコるーむ

高崎素読教室(学校法人北村学園主催)
開催日程・時間:月1回開催・土曜日午前に2時間の授業を設定
群馬県高崎市下豊岡町　こだま幼稚園

東京国語教室(国語works広島主催)
開催日程・時間:月1回開催・日曜日午後に2時間の授業を設定
会場:都内の公共施設や神社(会場はその都度設定)

名古屋国語教室(国語works広島主催)
開催日程・時間:隔月開催・土曜日ないし日曜日午前に2時間の授業を設定
会場:名古屋市内の公共施設や神社(会場はその都度設定)

福山国語教室(国語works広島主催)
開催日程・時間:月1回開催・土曜日ないし日曜日午前に2時間の授業を設定
広島県福山市丸之内　備後護國神社・参集殿

広島国語教室(国語works広島主催)
開催日程・時間:月2回開催・土曜日午後に1.5時間、日曜日午後に2時間の授業を設定
広島県広島市安佐南区古市　寺子屋しゃんてぃ(古民家)

安芸みのる幼稚園・放課後国語教室(国語works広島主催)
開催日程・時間:月2回開催・火曜日夕方に0.5~1.5時間の授業を設定
広島県広島市東区福田　安芸みのる幼稚園

■以下各地の拠点において大人向けの素読講座「大人も素読しナイト」を夜間に設定しています

東京　名古屋　福山　広島

大人も素読しナイト@東京(国語works広島主催)
開催日程・時間：月1回開催・火曜日夜間に2時間の授業を設定
東京都新宿区新宿　新宿文化センター

大人も素読しナイト@名古屋(国語works広島主催)
開催日程・時間：年3〜4回開催・土曜日ないし日曜日の夜間に2時間の授業を設定
名古屋市内の会議施設にて開催(定常会場なし)

大人も素読しナイト@福山(国語works広島主催)
開催日程・時間：隔月開催・平日夜間に2時間の授業を設定
広島県福山市丸之内　備後護國神社

大人も素読しナイト@広島(国語works広島主催)
開催日程・時間：月1回開催・平日夜間に2時間の授業を設定
名古屋市内の会議施設にて開催(西区民文化センターがメイン会場)

■以下の幼年教育機関は園内にて著者が出講する講座を設定しており、これら園内講座は在園児のみを対象したものと、外部参加が可能であるものとの双方があります。園内講座に関するお問い合わせは下記の各園窓口までご連絡ください

認定こども園榎林こども園　青森県上北郡七戸町榎林家ノ前40-1　TEL：0176-68-2042

認定こども園チビッコるーむ　青森県上北郡七戸町道ノ上67-10　TEL：0176-68- 2793

こだま幼稚園　群馬県高崎市下豊岡町242-2　TEL：027-326-3055

アウル宮前保育園　東京都杉並区宮前2-11-11　TEL：03-5941-5112

安芸みのる幼稚園　広島県広島市東区福田2-2541-1　TEL：082-899-2364

平成三十年一月時点での情報を記していますが、新規に拠点を設けたり、上述の拠点から撤退したりする場合もあります。講座への参加を希望される場合、詳細情報を差し上げますので国語works広島までメール・Faxにてご連絡ください。また、幼年教育機関(保育園・幼稚園・認定こども園)への出講を希望される場合も以下へご連絡をお願いいたします。

メール：info@kokugo-works-h.main.jp　Fax：082-557-3700

著者
松田　雄一

昭和52（西暦1977）年生まれ、広島県広島市出身。

明治大学農学部卒業後、大手物流企業や学習塾、工具メーカーへ勤務。

会社勤めの傍ら、平成22（西暦2010）年9月に広島市を拠点に素読教室の展開を始める。

平成27（西暦2017）年に独立。平成29（西暦2017）年、国語教育の事業体として「国語works広島」を設立。

保育園・幼稚園などでの園児への国語（素読）教務、保育士が国語教務を行うための研修（研修プログラムも自作）を担当したりしている。

国語教育やわが国の伝統文化継承の教育プランについての講演などを各地で行っている。

現在、青森県・群馬県・東京都・広島県の5つの保育園・幼稚園にて授業を行い、東京都・愛知県・広島県（広島市・福山市）には定例で自己主催の国語講座を開催している。


素読《そどく》をすれば、国語力《こくごりょく》が上《あ》がる！

～古典《こてん》や名文《めいぶん》で子供《こども》の能力開花《のうりょくかいか》～

著者　松田雄一《まつだゆういち》

2018年2月11日　初版発行

発行者　磐崎文彰
発行所　株式会社かざひの文庫
〒110-0002　東京都台東区上野桜木2-16-21
電話／FAX 03(6322)3231
e-mail:company@kazahinobunko.com
http://www.kazahinobunko.com

発売元　太陽出版
〒113-0033　東京都文京区本郷4-1-14
電話 03(3814)0471　FAX 03(3814)2366
e-mail:info@taiyoshuppan.net
http://www.taiyoshuppan.net

印刷・製本　シナノパブリッシングプレス

装丁　BLUE DESIGN COMPANY

ISBN978-4-88469-926-0